CAHIERS
D'ÉCONOMIE POLITIQUE

PAPERS
IN POLITICAL ECONOMY

Histoire de la pensée et théories

History of Thought and Theories

70

2016

Publié avec le soutien du CNRS, de l'université de Paris Ouest
et de l'Institut d'études politiques de Lille

L'Harmattan

Depuis 1974, les *Cahiers d'économie politique* sont un lieu privilégié pour les discussions théoriques qui prennent en compte toute la dimension historique de la discipline économique. Considérant que l'étude des auteurs passés et les débats actuels en analyse économique peuvent mutuellement s'enrichir, ils publient des articles qui relèvent de l'histoire de la pensée économique, de la philosophie économique, ou qui se situent à l'intersection de l'histoire de la pensée et de la théorie économique contemporaine ou de l'histoire économique.
Les *Cahiers d'économie politique* publient deux numéros par an, généralement en juin et décembre. Un de ces deux numéros est thématique. Les numéros thématiques publient des sélections d'articles proposés dans le cadre de colloques ou de journées d'étude. Ces manifestations sont organisées par la revue ou par des institutions universitaires sur le principe d'un appel à communication. Pour envisager qu'un colloque soit publié dans la revue, il est nécessaire que le responsable prenne contact dès l'organisation de la manifestation avec le comité de rédaction des *Cahiers*.

Since 1974, *Papers in Political Economy* have published and participated to the main theoretical discussions by paying a particular attention to the historical aspects of economic analysis. Considering that the study of past authors and present debates are complementary, the PPE publish papers on history of economic thought, economic philosophy, or papers overlapping fields of history of economic thought and contemporary economic theory or economic history.
Papers in Political Economy is a biannual journal, usually published in June and December. One of the two yearly issues is thematic and includes papers presented at a workshop or conference and selected among responses to an open call for papers. For proceedings to be published in this form, conference organizers are invited to contact the journal's editorial board at a very early stage.

Adresse • Address

Site Internet : http://www.cahiersdecopo.fr/

Éditeur : Éditions L'Harmattan, 5-7, rue de l'École Polytechnique, 75005 Paris

Tél. : 01 40 46 79 10 – Site Internet : http://www.editions-harmattan.fr

Éditeur électronique : CAIRN, http://www.cairn.info/

Instructions aux auteurs • Notes for contributors

Les *Cahiers d'économie politique* acceptent les articles en français et en anglais. Normes de publication disponibles sur le site internet : http://www.cahiersdecopo.fr/

Papers in Political Economy accept papers in French and in English. For a full and complete guide for authors, please go to: http://www.cahiersdecopo.fr/

5-7, rue de l'École Polytechnique, 75005 Paris

www.librairieharmattan.com
diffusion.harmattan@wanadoo.fr
harmattan1@wanadoo.fr

ISBN : 978-2-343-09851-7
EAN : 9782343098517

SOMMAIRE

CONTENTS

L'ÉCONOMIQUE CONTRE LE POLITIQUE LA DETTE, SON AMORTISSEMENT ET SON FINANCEMENT CHEZ DE JEUNES ET VIEUX SAINT-SIMONIENS (1825-1880)

Clément Coste[1]

Lorsque le mouvement saint-simonien est étudié par les historiens de la pensée économique c'est essentiellement en tant que participation à une première expression du socialisme français ou comme idiome de l'industrialisme naissant. Cet article propose une lecture du rapport entretenu par certains saint-simoniens avec la dette publique et son financement. Il permet autant d'illustrer la lecture dichotomique classique entre un jeune saint-simonisme idéaliste et « socialiste », et un saint-simonisme tardif plus conforme au libéralisme économique dominant dans la seconde moitié du XIXe siècle, que d'éclairer une certaine continuité dans l'argumentation relative à la dette publique. Recourir à la dette plutôt qu'à l'impôt et s'attacher à en diminuer les arrérages apparaît comme un moyen de dompter l'oisiveté et de l'assujettir aux impératifs de l'ordre industriel.

Economics against politics. Debt, its retirement and financing according to young and old saint-simonians (1825-1880)

Historians of economic thought mainly examine the Saint-Simonian movement through its involvement in the initial utterings of French socialism or as an idiom for emergent industrialism. This article instead proposes a reading of the relation maintained by certain Saint-Simonians with regard to public debt and its financing. Somewhat in opposition to readings concerned with the dichotomy between a young Saint-Simonian, at once idealist and socialist, and an aged Saint-Simonian, more compliant with the dominant economic liberalism present in the second half of the 19th century, this article allows for a particular continuity in the debate surrounding public debt to be perceived. Turning toward debt rather than taxes and setting out to diminish the arrears of said debt, emerges as a means of taming idleness and subjecting it to the imperatives of the industrial order.

Mots clefs : Saint-Simon, saint-simoniens, Pereire, dette publique, Caisse d'amortissement, conversion des rentes.

Keywords: Saint-Simon, Saint-Simonians, Pereire, public debt, debt redemption found (Caisse d'amortissement), conversion of annuities.

JEL classification: B14, H63

---

1. Université Lyon III. Laboratoire Triangle UMR 5206.
clement.coste3@univ-lyon3.fr / coste.clement1@gmail.com
Je remercie les trois rapporteurs anonymes de la revue pour la pertinence de leurs remarques. Merci également au secrétaire de rédaction. Je remercie enfin Marie Lauricella et Ludovic Frobert pour leur relecture attentive et leurs précieux conseils. Je reste bien entendu seul responsable des imperfections qui subsistent.

Introduction

L'adage saint-simonien consistant à substituer au *gouvernement des hommes* une *administration des choses* est bien connu. *La parabole* qui ambitionne d'asseoir, à la place des rois d'autrefois, une association d'individus issus du monde des sciences et des arts et métiers atteste de ce désir d'émanation d'un gouvernement des experts [Musso, 1999 ; 2006]. Saint-Simon préfère ainsi le pouvoir de la connaissance au pouvoir de la tradition et relaie une vieille idée de Platon selon laquelle les individus doués pour les arts et métiers sont légitimes pour détenir le pouvoir. Ainsi les industriels géreront mieux les finances publiques que ne le font les détenteurs du pouvoir politique – « princes, officiers de la Couronne et propriétaires oisifs » – qui nuisent au progrès de la nation en prélevant sur l'impôt leurs propres traitements. Lorsque Saint-Simon opère une distinction entre *le pouvoir* d'État et l'*appareil* d'État, c'est bien pour revendiquer la soumission du gouvernement à l'administration. Les industriels sont les garants d'une bonne administration, laquelle n'est possible que si on leur confère le vrai et seul pouvoir politique : celui de voter le budget. En effet, la loi de finances est de loin la plus importante tant elle représente ce qu'il y a de plus *positif* dans la politique. La volonté de Saint-Simon est de sortir du *politique*. Il faut attendre ses disciples pour véritablement entrer dans l'*économique*.

Lorsqu'il meurt en 1825, ses disciples s'organisent pour propager sa pensée. Ils se regroupent d'abord autour du journal *Le Producteur*, et intronisent rapidement Saint-Amand Bazard (1791-1832) et Barthélémy Prosper Enfantin (1796-1864) comme « pères suprêmes ». Deux tendances se dessinent : un saint-simonisme « de gauche » cultivant la lutte sociale, face à un saint-simonisme plus technocratique « glorifiant les réseaux » et la « communication » [Musso, 1999, p. 25]. Le schisme de 1831 qui coïncide avec la défection d'anciens disciples[2] scelle la « victoire » d'Enfantin et de ses épigones, les frères Pereire sont de ceux-là. Après avoir été banquiers chez Vital-Roux et Rothschild[3], ils adhèrent à la formule de répartition saint-simonienne (« à chacun selon ses capacités, à chaque capacité selon ses

2. Par exemple, Pierre Leroux (1797-1871), Philippe Buchez (1796-1865) et Constantin Pecqueur (1801-1887) font scission. Ils reprochent notamment au saint-simonisme son aporie politique et s'épanouiront au sein d'un « socialisme fraternitaire » et républicain [Lanza, 2006 et 2011 ; Frobert, 2014] dans lequel ils côtoient entre autres Louis Blanc (1811-1882) et François Vidal (1812-1872). La « nébuleuse socialiste » s'organise. Aux *saint-simonisme* et *fouriérisme* s'ajoutent ainsi une tradition *fraternitaire* ainsi que le « socialisme » de Proudhon (1809-1865).

3. On se référera à la biographie de référence de Jean Autin [1984].

œuvres ») et à l'ordre social capacitaire, contestent la propriété des moyens de production et estiment que l'économie nécessite une organisation. Dans les années 1830, Émile (1800-1875) s'intéresse aux questions d'impôts [1831, 1832, 1833], Isaac (1806-1880) aux questions de finance et d'industrie [1832].

Appréhender l'ordre social par l'intermédiaire des sphères et de l'articulation de l'économique et du politique [Larrère, 2005] permet d'identifier qu'ici la sphère économique, ou ce qui relève d'un certain ordre économique, doit soumettre son équivalent politique, Enfantin indiquant à ce sujet que le seul et unique fondement de la politique est bien l'économique. L'impôt ne peut être appréhendé indépendamment de cette tension entre le pouvoir ou l'État d'un côté – le politique – et la propriété et l'industrie de l'autre – l'économique[4]. On peut lire dans la *Doctrine saint-simonienne* :

> « Ici se présente une question pour nous très secondaire, mais qui est d'un haut intérêt aujourd'hui, puisque c'est uniquement en se plaçant sur ce terrain que nos hommes d'État s'occupent de l'industrie, et semblent s'apercevoir qu'il existe des hommes qui produisent des richesses qu'eux-mêmes consomment : nous voulons parler de l'impôt [...] » [Barrault, 1829, p. 207].

Par ces mots, le saint-simonisme semble critiquer l'*arithmétique politique*[5] qui n'appréhende le développement du commerce que sous l'angle de la plus-value fiscale. Plus largement, il suggère, reprenant l'idée de Saint-Simon, que la logique qui sous-tend l'impôt comme forme négative de circulation monétaire au service de la *ruse politique* est par nature totalement étrangère à la logique industrielle, à l'*art économique* attaché à assurer une circulation fluide des capitaux. En s'immisçant ainsi dans la sphère industrielle, l'impôt transforme la production en puissance politique[6]. Les saint-simoniens regrettent alors que l'impôt serve des dépenses improductives, notamment militaires, et que l'État n'use pas de « l'emprunt de la paix » [Girard,

4. L'étude historique de l'impôt [Delalande, 2011] atteste bien que le recours à l'impôt participe d'une volonté étatique d'étendre son pouvoir, par l'intermédiaire des guerres notamment. Elle témoigne aussi du fait que les résistances à l'impôt mobilisent pour partie le registre argumentaire de la défense de la propriété et se raccroche pour l'autre part au nécessaire développement de l'industrie que l'impôt vient, dit-on, empêcher.

5. Sur l'arithmétique politique au XIXe siècle, voir par exemple Ganihl [1815], *Théorie de l'économie politique fondée sur les faits recueillis en France et en Angleterre* ; Hauterive [1825] ; ainsi que Breton [1986].

6. Hauterive le perçoit en 1825 et c'est ce que semble dénoncer la citation de Barrault. Pour une analyse de l'impôt comme dispositif opérant la jonction entre espace économique et espace politique, voir par exemple Théret [1992].

1952, p. 277-358], pour financer les travaux publics. Si la socialisation du capital via l'impôt n'est effective que dans l'État Providence post-1936, les saint-simoniens vont largement réclamer, outre la dissolution des armées permanentes, la suppression de toutes les dépenses publiques inutiles à la production, notamment les transferts de revenus aux nobles [Musso, 2006][7]. Contre l'impôt, ils revendiquent le développement du crédit public et le recours aux titres de dette perpétuelle en tant que nouvelle « monnaie de crédit social » [Pereire, 1832, p. 69] afin de financer les grands travaux et le développement de l'industrie. La logique économique doit présider au sein même de l'ordre politique[8].

Barthélémy Prosper Enfantin, Émile Pereire et le moins connu Alphonse Decourdemanche[9] esquissent entre 1825 et 1832 les contours d'une réforme fiscale abreuvée des enseignements de Saint-Simon[10]. Cette réforme n'est pourtant que l'arbre cachant la forêt. En effet, ils prophétisent la disparition progressive de l'impôt, sa substitution par l'emprunt et le développement du crédit public : les capitaux doivent être prélevés là où ils sont. À première vue « utopique », cette recommandation n'en demeure pas moins située et inscrite dans la réalité d'un XIXe siècle qui voit s'ouvrir devant lui, via la Restauration, l'ère de la dette et du crédit publics. Derrière l'aporie évidente concernant

7. Bruno Théret explique à ce sujet qu'il y a une parfaite correspondance entre les progressions de l'impôt et de l'armée permanente. L'impôt est « le rapport économique qui correspond au monopole militaire » [1992, p. 116]. C'est également le message de Norbert Elias [1975], *La dynamique de l'Occident* ; et plus récemment de David Graeber [2013], *Dette, 5 000 ans d'histoire*. Ainsi, au sein de l'État absolutiste qui court jusqu'au tournant du XIXe siècle, c'est la guerre qui justifie l'impôt. Saint-Simon souhaite conférer un rôle politique à l'industrie et substituer à « l'État guerrier » une administration industrielle attachée à subvenir aux besoins matériels de l'espèce humaine.

8. Les dépenses militaires ostentatoires, plus généralement improductives, n'ont aucune raison d'être dans la philosophie saint-simonienne, puisque le « politique pur » n'existe pas.

9. On ne connaît pas bien la vie de ce jeune avocat à la Cour royale de Paris, converti au saint-simonisme en 1831. Si son adhésion est sans doute moins profonde et durable que celle de certains des plus éminents disciples, il reste que Decourdemanche partage sincèrement l'idée germe du saint-simonisme selon laquelle, dans la société moderne issue de 1830, l'industrie doit avoir les mêmes droits que la propriété. L'« œuvre » de ce juriste de formation porte essentiellement sur la question du prêt sur hypothèque et du privilège des créanciers au moment des faillites. Mais l'apport de Decourdemanche est également conséquent sur la question de l'impôt et de sa réforme dans le sens de l'horizon fixé par la doctrine. Après son passage dans les rangs du saint-simonisme et ses publications dans *Le Globe*, Decourdemanche rejoint Émile de Girardin et devient rédacteur de *La Presse*.

10. Dans le but de ne pas gêner la circulation des capitaux et d'assurer l'émancipation de l'industrie, il s'agit notamment de supprimer une bonne partie des impôts indirects de consommation (boisson, sel, tabac, loterie), d'augmenter la contribution *foncière*, de diminuer le *timbre*, de réduire les *droits de douane* avant leur entière suppression, d'instaurer un véritable impôt progressif sur le revenu et les successions [Pereire, 1831, 1832, 1913 [1833-1835] ; Decourdemanche, 1830, 1831a, 1831b].

une (im)possible réduction de la dette conjuguée à une réelle aversion pour l'impôt figure une problématique plus large qui a trait à la réalisation concrète, via les finances publiques et la dette, de l'ordre industriel prophétisé. Les saint-simoniens souhaitent contourner les rapports économiques et sociaux de « domination » inhérents à l'impôt en automatisant le recours à l'emprunt[11]. Si l'impôt fait tenir ensemble ce qui relève de l'économique et du politique [Hauterive, 1825], l'emprunt doit selon les saint-simoniens instaurer un nouveau rapport profitable à l'industrie.

Cet article s'inscrit dans une perspective diachronique, depuis la mort de Saint-Simon et la propagation de la doctrine par les frères Pereire notamment, jusqu'à la mort d'Isaac Pereire le 12 juillet 1880. Il part de l'idée que les contributions des jeunes Pereire, sur la question de l'impôt et de la dette, participent d'une volonté de soumettre l'oisiveté aux besoins de l'industrialisation et de détruire la connivence de l'État du XIXe siècle avec les riches propriétaires oisifs, au profit d'une étroite connexion entre le gouvernement et le nouveau monde industrialo-financier[12]. Je tente dans un premier temps de faire dialoguer les préconisations saint-simoniennes des années 1825-1833 en matière de finances et d'emprunts publics avec la réalité d'un XIXe siècle de monarchie « restaurée » (1). Je montre ensuite que l'aversion saint-simonienne pour la *Caisse d'amortissement*[13] dès le début des années 1830 témoigne du rejet d'un dispositif institutionnel qui sert davantage les intérêts des propriétaires oisifs que ceux des industriels pourtant appelés à détenir la capacité administrative (2). S'il y a, entre 1825 et 1832, un « moment saint-simonien en économie politique » [Bellet & Causse, 2008], cet épisode connaît une certaine « résurgence », plus technique que théorique, jusqu'à la fin de siècle. On parle de la révélation, à la mi-siècle, d'un « saint-simonisme pratique » [Charléty, 1931] pour évoquer entre autres le *Crédit mobilier* ou *L'affaire du canal de Suez*. Aussi signe-t-on « la fin du saint-simonisme » [*ibid.*] par le décès d'Enfantin en 1864. J'estime pour ma part qu'il est possible d'envisager que cette révélation pratique court jusqu'au dernier tiers de siècle, certes, dans un saint-simonisme moins

11. Les lois fiscales sont pour les saint-simoniens perpétuellement en faveur de la propriété et contre l'industrie [Pereire, 1831 ; 1832], [Decourdemanche, 1830 ; 1831a ; 1831b].

12. Pierre-Cyrille Hautcœur [2007] précise à ce sujet que l'on a souvent reproché à l'État du XIXe siècle de préférer faire alliance avec les riches rentiers desquels il tire sa légitimité, plutôt qu'avec les industriels. Les rentes sont essentiellement détenues par des particuliers. S'il y a dans le monde rentier du début des années 1830, une majorité de « petits rentiers », une « minorité » de « gros rentiers » représentée à la Chambre des pairs possède plus de 70 % de la rente [Aglan *et al.*, 2006, p. 186].

13. Le mécanisme qui la régit est explicité en 2.1).

« orthodoxe » ou assumé. L'essence des idées saint-simoniennes, au moins celles concernant le financement de l'industrie [Vergeot, 1918 ; Charléty, 1931 ; Halévy, 1938 ; Perroux, 1964 ; Yonnet, 2006 ; Musso, 2006 ; Jacoud, 2010], se propage jusqu'aux années 1870 au travers des débats qui entourent la dette publique, son amortissement et le service de ses intérêts. Après le Second Empire qui fournit un formidable terrain à bâtir aux frères Pereire et qui témoigne de leur profonde entremise avec le gouvernement, leur prise de position en faveur de la *conversion des rentes* – plutôt que de seulement entrevoir la possibilité de réduire les charges de la dette sans passer par une amplification fiscale – apparaît bien comme l'occasion de dompter l'oisiveté et de l'assujettir aux impératifs de l'ordre industriel (3).

1. De l'État fiscal à l'État des rentiers : la déception saint-simonienne du début du siècle

1.1. Les raisons d'une déception

La révolution de 1789 doit être vue, au moins dans ses intentions, comme une révolution fiscale. En témoigne l'instauration des *quatre vieilles*[14]. On perçoit toutefois rapidement une rupture impériale et un retour à de vieux choix de politiques fiscales [Delalande, 2011]. Pour les saint-simoniens, seul le recours au crédit public peut attester du passage à l'ordre industriel nouveau. Enfantin est à ce sujet le premier à en appeler à la « substitution » de l'impôt par l'emprunt dans les pages du *Producteur* en 1826, puis du *Globe* en 1831 :

> « Pourquoi si l'on emprunte pour des dépenses extraordinaires ne peut-on pas emprunter pour des dépenses ordinaires ? » [Enfantin, 1826].
>
> « Toute combinaison financière employée à satisfaire aux dépenses publiques doit avoir pour but unique de prendre les produits nécessaires à ces dépenses, et ce, chez ceux qui, eu égard à la répartition actuelle de la propriété et des produits du travail, se trouvent avoir le revenu le plus disproportionné compte tenu de la part dont jouissent les autres membres. C'est bien dans ce fait que réside l'intérêt des emprunts, généralement portés pas les gros bénéficiaires de la société » (Enfantin, 1831f).

14. Il s'agit des quatre nouvelles contributions héritées de « l'esprit de la Révolution » : la contribution foncière, la contribution personnelle mobilière, la contribution des portes et fenêtres et la patente (l'impôt sur le commerce et l'industrie).

Destiné à ressusciter un ordre ancien, estiment les saint-simoniens, l'impôt est de loin un moyen inférieur à l'emprunt pour fournir à l'État les expédients que lui réclame l'industrialisation. Enfantin [1826] propose ainsi que les dépenses ordinaires soient systématiquement financées par emprunt et les arrérages de la dette financés par un nouvel emprunt. Ils prennent ainsi très clairement le contre-pied de l'école classique. Smith [1776], Say [1803 ; 1828-1830], Mac Culloch [1816], Comte et Dunoyer [1817-1819], et Sismondi [1837], pour ne citer qu'eux, réprouvent en effet le recours à l'emprunt[15]. À rebours de leurs conclusions, les saint-simoniens considèrent que la dette publique est la preuve que les individus qui y souscrivent sont intéressés aux progrès de l'industrie nationale, que c'est essentiellement sur la génération présente et ses capitaux que pèse l'emprunt, que ce sont bien les générations futures qui jouiront le plus des travaux accomplis et qu'il n'est donc pas immodéré de leur demander pour cela leur contribution.

Ce recours souhaité massif à l'emprunt public s'accomplit au XIXe siècle. On compte une vingtaine d'emprunts successifs jusqu'au tournant du siècle. Ceci semble en adéquation avec l'ambition saint-simonienne de préserver le travail et d'appeler l'oisiveté à participer massivement aux charges communes. En effet, en recourant à l'emprunt qui n'appelle que les capitaux inoccupés, l'État attire à lui la rente foncière et le surplus monétaire des oisifs. Il est en outre demandé à la finance de jouer le rôle d'intermédiaire entre un ordre politique revenu de l'absolutisme et un ordre économique où domine encore largement la grande propriété foncière sur la production industrielle marchande. L'État se construit avec l'appui de ses créanciers et la rente revêt un caractère sacré[16].

Malgré la constitution d'un nouveau régime de finances publiques centré sur l'emprunt, les ambitions saint-simoniennes ne sont pas réalisées pour trois raisons essentielles. La première tient à l'intermédiation financière qui permet l'articulation entre les ordres politique et économique. Jusqu'à l'emprunt de 1854 destiné à financer la guerre de Crimée, la Haute Banque assure cette

15. Smith [1776] décrit déjà « le fardeau accablant de dette » sous lequel languit la France ; Mac Culloch [1816] dénonce le vice de l'emprunt, ses empiètements continuels et inaperçus ; les propos de Comte et Dunoyer dans *Le Censeur européen* [1818-1819] sont de même teneur. Say [1828-1829] condamne la destruction de valeur que génère l'emprunt et Sismondi [1837] la charge que les générations présentes font peser sur les générations futures. Les économistes de la moitié du siècle nuancent le message des pères fondateurs [Rossi, 1839 ; Mill, 1848 ; Baudrillart, 1857 ; Dupuit, 1860].

16. Se donne à voir ici ce que Bruno Théret [1992] nomme « le régime fisco-financier rentier » du XIXe siècle. Il définit le régime fisco-financier comme « un ensemble historiquement daté d'institutions, de procédures, de régularités et de règles explicites qui fixe les limites des prélèvements publics et confère à l'État son rythme et sa forme de développement économique ».

intermédiation et facture chèrement la mise en relation de l'État emprunteur avec les capitalistes prêteurs en ajoutant un droit de commission au loyer du capital, lui-même déjà augmenté de la prime d'assurance[17]. Rothschild règne en maître sur l'adjudication des emprunts de la Restauration et de la Monarchie de Juillet [Vaslin, 1999][18]. À cette période la Haute Banque dirige également la Banque de France, qui intervient dans l'émission des emprunts de l'État. Différentes publications des frères Pereire témoignent de leur opposition à l'égard de la Banque de France et du rôle de celle-ci dans cette affaire[19]. Précisément ici, ils lui reprochent d'immobiliser une grande partie de son capital en rentes sur l'État, le rendant ainsi indisponible pour l'industrie et le commerce. La déception saint-simonienne réside par ailleurs dans l'utilisation qui est faite des capitaux empruntés : les affaires extraordinaires que consacrent les emprunts publics du XIXe siècle concernent essentiellement non les travaux publics, mais la guerre, laquelle n'a plus sa place dans le nouvel ordre social industriel. Les emprunts de la Restauration et de la Monarchie de Juillet s'exécutent au profit d'exercices budgétaires plombés par d'importantes dépenses militaires[20]. Enfin, la troisième contradiction a trait au fait que la « sacralisation de la rente » entérine des rapports de domination qui n'ont rien à voir avec les *capacités* et sont donc incompatibles avec les exigences de la doctrine :

> « Au milieu d'une société classée primitivement par le sabre, où règne une aristocratie basée sur la naissance, l'association toute pacifique, foulant aux pieds les privilèges de la noblesse de naissance, proclame l'égalité des hommes devant Dieu, la distribution des peines et des récompenses célestes selon les œuvres, et elle réalise, dans sa hiérarchie terrestre, un nouveau mode de distribution des fonctions et des grades, non pas selon la naissance, mais selon la capacité, selon le mérite personnel » [Barrault, 1829, p. 158].

17. La Haute Banque désigne à cette période les grandes banques étrangères auxquelles vont être adjugés les emprunts de l'État français, elles vont y asseoir leur fortune. On dénombre entre autres la maison hollandaise Hope, l'anglaise Baring ou encore l'incontournable maison Rothschild, que les banquiers parisiens (Baguenault et Delessert notamment) ne peuvent véritablement concurrencer. Ce n'est qu'à partir de l'emprunt de 1854 que l'État s'adresse directement au public et évince Rothschild.

18. Alors qu'il se trouve à Alger, Enfantin dénonce en 1840 la connivence de Rothschild avec le pouvoir et pointe le *jeu* et non l'*industrie* auquel il s'adonne [Enfantin, 1849 [1840], p. 18].

19. Déjà en 1833, dans les pages du *National*, ils en appellent à la modification immédiate du système de la Banque de France. Cette attaque prend de l'envergure avec les publications de 1864, 1865 et 1866 dans lesquelles ils interrogent le monopole d'émission [Domin, 2007], lui reprochant de ne pas agir dans l'intérêt général qu'est celui de l'industrie et du commerce, et de perpétuer la vieille doctrine mercantile [Pereire, 1864, 1866].

20. Cf. *Documents statistiques sur la France*, 1835, Paris : Imprimerie Royale. *Le Globe* saint-simonien s'insurge particulièrement contre l'idée d'émettre un emprunt destiné à fortifier Paris [*Le Globe*, 1830].

1.2. Les rapports de domination au sein de la nouvelle configuration sociale

L'idée, en recourant massivement à l'emprunt même pour les « dépenses ordinaires » [Enfantin, 1826a], est de simplifier les combinaisons financières et de protéger l'industrie en prélevant directement les capitaux chez ceux qui les possèdent. L'argent doit être arraché à l'immobilité et entrer dans la circulation[21]. Les saint-simoniens regrettent ainsi la double peine infligée aux producteurs : l'intérêt, tout comme l'impôt indirect sur l'industrie, représente une dette paradoxale du travail envers l'oisiveté. Toutefois, en mobilisant par l'emprunt la richesse superfétatoire, le problème du versement de l'intérêt est simplement déplacé : c'est désormais l'État – l'ensemble des contribuables – qui doit s'acquitter de cette charge. Est aussi parallèlement créée une distorsion dans le partage du pouvoir, puisqu'en sont exclus les petits industriels, et plus largement tous les individus incapables d'acquérir des rentes sur l'État. En effet, si la rente assure à l'État le soutien de la bourgeoisie et des financiers dans le financement des conquêtes extérieures, au détriment des industriels, ce soutien à un prix : celui de la détention de droits économiques sur l'État. Les propriétaires acceptent « d'offrir » leurs capitaux à l'État contre une représentation de leurs intérêts à la Chambre des pairs et la jouissance d'une partie des ressources fiscales [Hauterive, 1825 ; Enfantin, 1831f]. Cohabitent ainsi au XIXe siècle un capitalisme financier rentier et un État guerrier [Théret, 1992]. Quand bien même le « rapport de force » tourne à l'avantage de la sphère économique, puisque le capitalisme financier est le pourvoyeur de fonds d'un État qui lui est totalement dépendant, un tel assemblage ne peut satisfaire les prédictions saint-simoniennes tant il freine le développement industriel, légitime et entérine un droit de propriété inefficace et dépassé[22]. Le droit de propriété perce les frontières de la sphère économique pour pénétrer celle de la sphère politique : les propriétaires fonciers deviennent propriétaires d'une partie des droits sur l'État et acquièrent une position dominante dans la sphère politique. On peut parler avec Michael Walzer d'injustice en invoquant le

21. Émile de Girardin estime que toute la science économique appliquée consiste à découvrir le numéraire là où il est pour le reporter là où il manque : en cela réside « tout l'art de l'impôt encore si peu compris » [Girardin, 1858, p. 7].

22. Pour une analyse récente de la question du droit de propriété dans la philosophie saint-simonienne, voir entre autres Jacoud [2014] ; Ege [2000] ; Steiner [2006].

problème fondamental de la propriété : ce à quoi elle donne droit, le droit notamment de prélever *arbitrairement* l'impôt[23].

Si la fin de la féodalité témoigne d'un changement important à ce sujet[24], la propriété continue bien évidemment de conférer du pouvoir dans l'économie post-féodale. Les propriétaires fonciers deviennent les créanciers de l'État et propriétaires d'une partie de ses droits. S'opère ainsi un glissement ou une mutation depuis l'*aristocratie foncière* qui concentre initialement toutes les critiques saint-simoniennes [Bellet, 2014] vers une *bourgeoisie rentière.* En même temps qu'elle canalise les appétits de la monarchie guerrière, qu'elle soumet économiquement et qu'elle évince politiquement la vieille noblesse, cette nouvelle bourgeoisie rentière triomphe parallèlement sur les industriels. Elle empêche leur développement économique et l'acquisition d'une citoyenneté réelle – on rappelle que dans le système censitaire le droit de vote est tributaire du montant d'impôt direct payé (l'impôt foncier essentiellement). Dans cette configuration, le citoyen est l'individu oisif qui se consacre, entre autres activités politiques, au vote de l'impôt. Les hommes politiques, en particulier *les pairs* jusqu'en 1848, représentent les propriétaires. Ils ont donc tout le loisir de transférer sur les non-propriétaires le poids de la fiscalité en recourant massivement aux impôts indirects. La bourgeoise rentière se nourrit ainsi politiquement et économiquement du déficit budgétaire. Elle peut, grâce à la position qu'elle occupe, reléguer les industriels aux marges de la sphère politique en empêchant l'évolution des contributions directes qui offrent les droits politiques [Théret, 1992]. De surcroît, la bourgeoisie récupère d'autant plus largement par la rente ce qu'elle donne par l'impôt que le privilège fiscal du rentier perdure jusqu'en 1914, année où apparaît enfin l'impôt personnel général et progressif sur le revenu [Bavelier, 1886 ; Delalande, 2011].

C'est donc à plus d'un titre que la configuration de l'État emprunteur du XIXe siècle ne satisfait pas les recommandations saint-simoniennes. Le recours à la rente réactive et confirme de vieux rapports de domination économique

23. Le philosophe écrit : « Il ne faut pas que la propriété puisse se monnayer politiquement, qu'elle se convertisse en quelque chose comme de la souveraineté, du pouvoir (politique ou autre) complet sur les individus » [Walzer, 2013 [1983]].

24. Enfantin écrit dans *Le Producteur* : « Les impôts ont été considérés par la féodalité comme un droit du seigneur et un devoir du serf ; mais la volonté du seigneur déterminait seule la quotité du droit et celle du devoir ; aujourd'hui on considère que le serf doit être consulté et qu'il doit consentir lui-même à ses devoirs. Traduit en langage industriel, tout cela veut dire qu'il est avantageux aux travailleurs de discuter avec les oisifs l'existence sociale que les premiers consentent à accorder aux derniers, tandis qu'autrefois ceux-ci l'imposaient volontairement » [Enfantin, 1826, p. 249].

et politique n'ayant aucun rapport avec les *capacités*, desquels le monde industriel ne parvient pas à s'extraire. L'État est enchaîné à ses rentiers et ne peut servir l'intérêt collectif étroitement lié au développement de l'industrie. Assimilant ce développement industriel au bonheur de l'humanité, les disciples de Saint-Simon travaillent à la disparition de l'institution qu'ils jugent néfaste et responsable de l'inachèvement du nouvel ordre social. L'endettement de l'État est au départ tributaire de sa condition de réalisation : la promesse de son extinction. C'est pour cette raison qu'est instituée la *Caisse d'amortissement* le 28 avril 1816 : assurer le crédit de l'État, exalter la « foi publique » [Aglan *et al.*, 2006]. Si les saint-simoniens se positionnent en faveur du crédit public, ce qui tend inéluctablement à augmenter la dette, ils vont largement protester contre la volonté de l'éteindre, jugent-ils artificiellement, via ce dispositif institutionnel phare du XIXe siècle. Leur intuition est que l'institution est financièrement inefficace et qu'elle nourrit les positions dominantes de la nouvelle bourgeoisie rentière et la soumission de la classe laborieuse.

Hauterive [1825] estime que l'amortissement est éminemment nécessaire puisqu'il n'est rien de plus que l'accumulation d'épargnes destinée à racheter le droit transmis par l'État à ses prêteurs de jouir d'une partie de son revenu (recettes fiscales)[25]. À sa suite, les économistes du XIXe siècle s'opposent majoritairement à l'*institutionnalisation* de l'amortissement [Say, 1828-1830 ; Sismondi, 1837 ; Rossi, 1840[26] ; Puynode, 1849 ; Faucher, 1856 ; Baudrillart, 1857 ; Garnier, 1858]. Les arguments qu'ils développent sont présents dans les développements saint-simoniens. Les Pereire les dépassent simultanément en invoquant la perpétuité de la dette.

25. Sa position est particulière : s'il précise que l'extinction totale de la dette est chimérique et qu'une dette importante est soutenable, il indique qu'il est toutefois primordial de fixer une limite à la dette ainsi qu'à l'amortissement.

26. Rossi insiste parallèlement sur l'utilité secondaire de la *Caisse*. Elle permet d'augmenter la confiance dans les placements sur la dette de l'État et donc de faire diminuer l'intérêt ; de régulariser le cours des fonds publics et d'empêcher leur trop brusque dépréciation ; de soigner les intérêts réels et la tranquillité morale des petits rentiers en garantissant la sécurité de leurs placements. Rejoignant sur ce point l'intuition d'Hauterive, Rossi plaide donc en faveur d'une action constante et régulière de l'amortissement [Rossi, 1840].

2. La Caisse d'amortissement : un dispositif de régulation inique et inefficace

2.1. Le rôle de la Caisse d'amortissement

La question de savoir si la dette doit être amortie est une question ancienne et les économistes se sont régulièrement interrogés sur le moyen d'y parvenir [Lutfalla, 2006]. L'objectif initial de la Caisse d'amortissement est de réaliser l'endettement de l'État [Joubert, 1896 ; Marion, 1928 ; Verheyde, 2006]. Pour cela, on certifie aux futurs rentiers de la dette publique qu'ils trouveront toujours un acheteur pour leurs titres de rente.

Grâce à une dotation initiale du Trésor, la *Caisse* est en mesure de racheter à la Bourse les rentes qui y sont offertes. Les rentes rachetées sont alors immobilisées à l'actif de la *Caisse* et les intérêts auxquels elles donnent lieu augmentent le capital, et donc sa capacité d'amortissement. Très vite, le produit des ventes de bois de l'État est ajouté au capital de la *Caisse*. Toutefois la dette augmente rapidement suite aux emprunts successifs [Vaslin, 1999]. Le crédit de l'État grandissant, le cours des rentes augmente également, ce qui remet en cause l'utilité et les capacités de la *Caisse*[27]. La dotation du Trésor passe alors à 40 millions [Vaslin, 1999]. Aussi est-il décidé par la loi du 1er mai 1825 que la *Caisse* ne rachètera plus de rentes cotées au-dessus du pair. Si cette loi prévoit également que les rentes rachetées seront désormais automatiquement annulées, ce qui participe d'une diminution du capital de la dette, mais aussi parallèlement des recettes de la *Caisse*, cette ambition est finalement révisée par la loi de 1830. La Caisse d'amortissement est pourtant âprement défendue dans toute la première moitié du XIXe siècle, dans des termes similaires à ceux employés par Gaudin[28] :

> « L'amortissement qui doit s'attacher à la rente et ne cesser d'agir sur ce qui s'en présente sur le marché, jusqu'à ce qu'il l'ait complètement absorbée, peut seul opérer la libération réelle de l'État : mais il faut se résigner avec courage aux exigences de ce système ou renoncer au résultat qu'il doit

27. Jacques-Marie Vaslin [1999], indiquant la formule permettant de calculer le nombre d'années nécessaires à la *Caisse* pour éteindre la dette, montre que si en 1816 il ne lui faut que 16 ans pour parvenir à ses fins, le délai s'élève déjà à 21 ans en 1824.

28. Martin Michel Charles Gaudin (1756-1841), dit Duc de Gaëte, est proposé en 1791 comme commissaire de la direction de la Trésorerie nationale. Il intègre le ministère des Finances le 18 brumaire de l'an 8 et se rapproche de Bonaparte. Il publie entre 1828 et 1840 trois brochures consacrées à l'amortissement et à la conversion des rentes. Voir duc de Gaëte [1826].

assurer, s'il est bien compris et fidèlement exécuté » [duc de Gaëte, 1828, p. 18].

La reproduction sociale est donc assurée par cette relation « à trois bandes » qui fait le lien entre les propriétaires, l'État et les contribuables. Si la *Caisse* permet l'endettement de l'État, elle reproduit également les hiérarchies en vigueur. En laissant aux propriétaires la main sur une partie de ses recettes fiscales, l'État s'assure la détention et la reproduction du pouvoir. Il faut alors bien voir que les propriétaires réclament très largement le développement du crédit public : l'emprunt représente pour eux un investissement rémunérateur lorsque l'impôt constitue une contribution à fonds perdu. La Caisse d'amortissement apparaît en ce sens comme l'institution supposée indispensable à la réussite d'un tel mécanisme de reproduction.

S'ils ne sont pas enthousiasmés par la création de la *Caisse* [Enfantin, 1826], le virage qu'elle prend au tournant des années 1830 finit de convaincre les frères Pereire de s'y opposer : l'État émet des titres pour racheter des rentes dont le cours est supérieur à celui des rentes émises. Pendant quinze ans, la *Caisse* s'adonne à des pratiques irrationnelles et ce n'est que le 16 septembre 1871 qu'elle est définitivement supprimée[29]. Les Pereire disposent donc de quarante ans pour faire valoir leur opposition à cette pratique de l'amortissement de la dette. Sans être directement nommés, ils trouvent un opposant farouche en la personne de Gaudin qui, durant toute sa carrière au ministère des Finances, ne cherche qu'à désautomatiser l'usage spontané du crédit. Dans une série d'essais relatifs à la dette publique, publiés entre 1828 et 1840[30], « l'ancien argentier de Napoléon » [Latour, 1962] s'en prend à ceux qui préconisent l'augmentation de la dette et la disparition de l'amortissement. Les saint-simoniens sont donc tacitement visés.

29. En 1833 est discutée une nouvelle loi destinée à réformer la Caisse d'amortissement. La bataille a lieu entre Georges Humann, alors ministre des Finances (1832-1834) et fidèle partisan de l'amortissement, et Jacques Laffitte, banquier et ancien ministre des Finances (1830-1831). Les Pereire soutiennent Laffitte dans les colonnes du *National* (1833) en faveur d'une réforme destinée à porter le coup fatal à l'institution. Ils mettent en exergue l'inefficacité cuisante du fonds d'amortissement lorsque l'État cherche à amortir en même temps qu'il emprunte : la formule des intérêts composés de Price ne peut ainsi fonctionner. Ils proposent dans la lignée de Laffitte, afin de décharger les contribuables, que les rentes rachetées par la Caisse d'amortissement soient systématiquement annulées. Cf. « Projet de loi sur l'amortissement », *Le National* du 12 mai 1833 dans Pereire, 1913.

30. Voir entre autres duc de Gaëte [1828 et 1832].

2.2. Les raisons d'une aversion pour l'*institutionnalisation* de l'amortissement

La première raison pour laquelle les saint-simoniens ne peuvent être d'accord avec l'activité de la *Caisse* touche à son mode de financement. Dans sa *Critique du budget de 1832* [...], Émile Pereire [1831] suggère la suppression totale de la dotation faite par le Trésor. Cela devrait logiquement entraîner un dégrèvement annuel d'impôts de 43 093 621 francs [Pereire, 1831] auxquels doit s'ajouter l'équivalent de l'annulation des rentes que la *Caisse* a déjà rachetées. À partir de 1833, les intérêts capitalisés ne représentent plus qu'un tiers des recettes de la *Caisse* [Verheyde, 2006], ce qui implique une dotation du Trésor plus importante. Ainsi, un tel fonctionnement contribue à faire perdre à l'emprunt sa suprématie sur l'impôt, puisqu'à mesure que l'on choisit d'emprunter et donc d'épargner le contribuable, il faut augmenter les impôts pour financer la Caisse d'amortissement et rembourser des « oisifs[31] ». La Caisse d'amortissement alimente ainsi la domination économique et politique de la bourgeoisie rentière. Toutefois, selon les Pereire des années 1830, cette bourgeoisie rentière court après l'intérêt du capital, non après son remboursement[32]. Ils estiment effectivement qu'une fois remboursé, le rentier s'empresse de trouver un nouveau placement pour son capital oisif, si bien que l'amortissement ne détruit aucune dette. Pire, il semblerait que le procédé participe finalement de son augmentation du fait de l'augmentation des cours des fonds publics qui suit toujours leur émission. Déjà dans un article du *National* daté du 11 janvier 1833, les frères expliquent que le procédé revient par exemple à émettre des rentes 5 % à 96 francs, et de racheter du 3 % à 78 francs, ce qui correspond à du 5 % à 130 francs. C'est-à-dire avec une perte pour le Trésor de 34 francs par titre de rente[33]. Ici résiderait le principe de l'amortissement : émettre des emprunts bon marché que l'on finit par racheter très cher au détriment du contribuable.

> « À chaque effort que l'on fait pour arriver vers ce but [la réduction de la dette] on s'en éloigne. Chaque rachat entraîne de nouvelles émissions,

31· Les deux frères semblent une fois de plus incontestablement influencés par Montesquieu écrivant au sujet de l'impôt levé pour la dette : « On ôte les revenus véritables de l'État à ceux qui ont de l'activité et de l'industrie, pour les transporter aux gens oisifs : c'est-à-dire qu'on donne des commodités pour travailler à ceux qui ne travaillent point et des difficultés pour travailler à ceux qui travaillent » [*De l'esprit des lois*, livre XXII, chapitre XVII].

32. Cf. Marion [1931] et Théret [1991] pour la confirmation empirique de cette intuition.

33. Cf. « Réduction de la rente – Emprunt – Amortissement », *Le National* du 20 février 1833, dans Pereire, 1913.

l'État rachète plus cher qu'il n'émet, au lieu de s'acquitter il s'arrière sans cesse[34] » [Pereire, 1913 [1830-1835]].

Ces raisons suffisent selon les frères Pereire à légitimer la disparition de la Caisse d'amortissement[35]. Dans ses *Leçons sur l'industrie et les finances* [1832] Isaac Pereire parle des emprunts *perpétuels* émis par les États comme d'une véritable « monnaie de crédit social[36] ». Il n'est donc dans l'intérêt de personne, et surtout pas des industriels, qu'ils soient remboursés rapidement : les *rentes perpétuelles* sont un moyen de doter l'industrie d'un crédit à long terme, lequel lui manque cruellement. La dette est ainsi perçue comme un réservoir qui s'emplit des épargnes oisives et se vide des capitaux nécessaires à l'industrie. Une dizaine d'années plus tard, Louis Blanc revient sur le débat relatif à la perpétuité de la dette dans son *Histoire de dix ans*. Vantant les mérites *financiers* du « système de la perpétuité de la dette », il en fait simultanément valoir les dangers *politiques*, *moraux* et *sociaux* : pour être tout à fait justifiable, « il faudrait que la rente [qui offre un placement au capital indépendant du travail] cessât de faire concurrence à l'industrie, ce qui n'arrivera jamais si la perpétuité de la dette nous condamne à laisser perpétuellement ouvertes les portes de la Bourse ! » [Blanc, 1844, p. 946]. Proudhon prend quant à lui position contre la Caisse d'amortissement en 1857 : il en déplore l'absorption du budget sans que la Caisse n'obtienne de résultats significatifs.

On retrouve dans les écrits d'Isaac Pereire du dernier quart de siècle [1876 et 1879] la confirmation des jeunes idées saint-simoniennes sur la perpétuité de la dette. La disparition de l'amortissement doit signer la dernière transition vers ce que Laffitte appelait déjà en 1833 « le système définitif de crédit » et atteste de la perpétuité de la dette comme « signe infaillible non de la

34. La citation est extraite de l'article « Projet de loi sur l'amortissement », *Le National*, le 12 mai 1833. L'observation faite est d'autant plus dommageable que si la *Caisse* achète brusquement de nombreux titres, elle contribue à augmenter le cours de la rente [Bruguière, 1992 ; Verheyde, 2006]. Jacques-Marie Vaslin a toutefois montré que l'impact de la Caisse d'amortissement sur le cours de la rente était en réalité relativement faible [Vaslin, 1999].

35. Dans leur vindicte et opposition à la Caisse d'amortissement, les Pereire ne mentionnent pas la tournure prise par la *Caisse* sous l'Empire, laquelle tend à négliger sa vocation première d'amortissement de la dette, pour préférer s'employer à constituer un réservoir de ressources à la disposition de l'État lui permettant de s'affranchir des limites de ses ressources fiscales [Vaslin, 1999]. Il est alors étonnant que les Pereire n'évoquent pas cette orientation.

36. Par la transformation du *crédit individuel* en *crédit social*, Isaac Pereire souhaite généraliser et simplifier les rapports entre capitalistes et travailleurs. Perdant son caractère individuel et se socialisant, le crédit est plus long et la redevance payée aux capitalistes par l'industrie, moins importante [Pereire I., 1832, p. 71].

banqueroute, mais de la plénitude du crédit » [Pereire, 1879, p. 131][37]. Isaac conforte ainsi en 1876 sa première conception de la rente sur l'État :

> « Les rentes représentent des épargnes déjà consommées dans un intérêt social ; elles constituent une propriété dont les revenus sont indispensables à l'entretien de leurs détenteurs ; et les contribuables aiment mieux supporter une charge d'intérêts que se priver des capitaux nécessaires à leur industrie » [Pereire, 1876, p. 86],

et mobilise les propos d'Henri Cernusch[38] pour asseoir leur nature légitimement perpétuelle :

> « L'État est perpétuel. C'est à raison de sa perpétuité qu'il peut émettre des rentes perpétuelles. Il a toujours le droit de racheter les rentes émises en payant leur capital nominal au pair de 100. Le capital nominal du 3, 4, 4 ½, du 5 pour cent étant le même, le coût du rachat est le même pour chacune de ces rentes. Les compagnies de chemins de fer ont devant elles une existence de 75 ans seulement, c'est pourquoi elles ne peuvent emprunter à titre perpétuel, et c'est pourquoi elles émettent, sous le nom d'obligations, des rentes amortissables en 75 ans par la voie de tirages annuels. Que ne pouvant émettre du perpétuel, les compagnies émettent de l'amortissable, c'est dans l'ordre des choses, mais que, pouvant émettre du perpétuel, l'État aille émettre de l'amortissable, ce serait une faute[39] » [Pereire, 1879, p. 64].

Leur ambition est de donner un tournant industrialiste à l'accumulation du capital centrée sur la dette de l'État. Dans les vues saint-simoniennes, l'État conserve un rôle essentiel dans l'avènement du capitalisme industriel et le rentier doit demeurer, sous certaines conditions, son pourvoyeur de fonds. En effet, le passage d'un *État-gouvernement* à un *État-administrateur* doit en partie s'effectuer par la soumission du rentier aux destinées industrielles de la société française du XIXe siècle. Par cette subordination, l'État sert d'intermédiaire entre les capitalistes rentiers et l'industrie qu'il souhaite protéger de toute amplification fiscale. Il est ainsi un agent tiers, ou médiateur,

37. Pereire relaie ici les propos tenus par Laffitte lors de la discussion de la loi de juillet 1833 visant à réformer l'amortissement.

38. Henri Cernuschi (1821-1896) est un républicain italien qui émigre à Paris en 1849 après la chute de la République romaine (1849). Il rencontre assez vite les frères Pereire et occupe un poste au sein du *Crédit Mobilier* de 1852. Expulsé par Napoléon suite à son engagement contre le plébiscite de 1869, le financier et républicain italien revient en France à l'aube de la Troisième République : il entre en 1870 dans le capital du journal *Le Siècle* (journal devenu républicain en 1848) et fonde en 1872 la *Banque de Paris et des Pays-Bas*, avec notamment Eugène Goüin, « le Pereire tourangeau » (Mayeur J.-M., Corbin A., Schweitz A., 1995, *Les immortels du Sénat (1875-1918)*, Paris, Publications de la Sorbonne, p. 308).

39. Le point de vue saint-simonien sur la perpétuité de la dette est également partagé par Émile de Girardin [1858, p. 8 et suivantes].

dans le financement de l'économie. La médiation doit toutefois se réaliser en faveur des industriels et contre les rentiers. Alors, pour autant que les revenus de la rente soient nécessaires à leurs détenteurs, les Pereire n'estiment pas qu'il faut les honorer *à tout prix*. Leur réflexion sur la dette publique se construit ainsi en deux temps. S'ils font part, dès le début des années 1830, de leur opposition à l'égard de l'institutionnalisation de l'amortissement, ils vont également appréhender la question de la dette par le prisme de ses arrérages, en investissant le débat relatif à la *conversion des rentes*. Derrière la justification affichée de rendre moins lourd le service des arrérages de la dette se découvre en filigrane le désir de briser la connivence de l'État avec le monde des rentiers oisifs. Si la disparition de la Caisse d'amortissement ne ruine pas les attentes de la bourgeoisie rentière tant elle manifeste sa préférence pour des rentes perpétuellement refinancées – lui assurant quelques positions dominantes –, la diminution progressive de l'intérêt, que ladite *conversion des rentes* ambitionne d'accélérer, participe indéniablement d'un renversement du rapport de force et d'une libération des forces productives industrielles.

3. Convertir les rentiers de la dette publique

Les détracteurs du système d'emprunt dénoncent la tentation propre à ses partisans de recourir à l'emprunt pour solder l'emprunt et d'augmenter ainsi sans cesse la dette. Ce réquisitoire concerne d'autant plus la conception saint-simonienne qu'elle ambitionne plus largement de désautomatiser le recours à l'impôt. Comment alors *financer* le recours à l'emprunt en sollicitant le moins possible le contribuable ? En investissant le débat récurrent au cours du XIXe siècle au sujet de la *conversion des rentes*, les Pereire non seulement s'inscrivent dans cette recherche[40], mais tentent également de réaliser, longtemps encore après la dissolution de la famille saint-simonienne, le vieux rêve saint-simonien d'anéantissement de l'oisiveté au profit de l'industrie[41].

3.1. Les vertus *industrialistes* de la conversion des rentes

Au cours du siècle, cinq titres de rente sont créés[42]. En émettant des rentes en échange d'un capital dont le montant dépend du taux auquel l'emprunt

40. Dans son *Traité de la science des finances*, Leroy-Beaulieu explique qu'une *conversion de rente* doit toujours être accompagnée d'une remise d'impôt pour le contribuable [Leroy-Beaulieu, 1877].

41. L'idée largement partagée est que le taux des rentes donne la mesure exacte de l'intérêt que les capitaux exigent. Le taux d'intérêt de la rente peut être considéré comme le taux d'intérêt de long terme.

42. Sur l'histoire de la rente française et ses caractéristiques, voir entre autres Bavelier [1886], Gorge

est négocié, l'État s'engage à verser à ses créanciers un revenu fixe en deux versements annuels. Quel que soit le taux de négociation, fût-il en dessous de 100 francs, l'État se reconnaît débiteur d'un capital de 100 francs (le pair) par titre de rente. Hormis le 5 % qui donne droit à deux versements de 2,50 francs (le coupon) et qui s'évanouit une première fois en 1852, puis définitivement en 1883, on compte les 4,5 %, 4 %, 3,5 % et enfin 3 %. Ces apparitions et disparitions sont bien entendu tributaires de l'affermissement de la « foi publique » [Margairaz (dir), 2006]. Lorsque le crédit de l'État est faible, il ne peut émettre de rentes inférieures à 5 %. Toutefois, son crédit grandissant, le cours de la rente augmente et le taux d'intérêt diminue : quand le cours dépasse le pair (100 francs), le taux actuariel devient inférieur à l'intérêt nominal. L'État est dès lors en mesure d'emprunter, moyennant un taux d'intérêt plus faible. L'apparition de nouveaux titres de rente correspond donc à la *conversion* des anciens. La *conversion* consiste à rembourser une dette contractée à un certain intérêt pour en contracter une nouvelle à un intérêt plus faible. Le principe réside dans la diminution de l'intérêt nominal en conformité avec la consolidation du crédit de l'État. Aux rentiers qui ne souhaiteraient pas voir leur titre converti, l'État s'engage à rembourser le capital au pair sans contracter avec eux un nouveau prêt. Par la conversion de la rente 5 % en une rente inférieure, l'État et les contribuables doivent ainsi économiser la différence d'intérêt.

Différents projets de conversion ont été proposés durant le long XIXe siècle, depuis celui de 1824-1825 initié par Villèle en vue de dédommager les émigrés de la Révolution française[43]. À chaque proposition, l'idée même de conversion soulève des débats passionnés. Lorsque les députés votent, non sans mal, le projet, la Chambre des pairs le rejette systématiquement. L'argument avancé est l'appauvrissement du rentier. *Pairs* de père en fils, les individus qui siègent à *la Chambre* sont souvent eux-mêmes de gros propriétaires de rentes et se posent comme les ambassadeurs de la vieille noblesse devenue créancière de l'État. Les députés, élus au suffrage censitaire, sont davantage issus de la petite bourgeoisie et sont relativement, sauf exception, plus désireux de progrès et de réforme – Lamartine, qui se fait le défenseur de la cause des rentiers, fait ici parmi d'autres figure d'exception[44].

[1884] et Vaslin [1999 et 2007].

43. La conversion des rentes et les protestations qu'elle suscite sont déjà d'actualité au XVIIIe siècle, comme l'attestent entre autres Stephen R. Epstein [2000], John H. Munro [2003], Katia Béguin [2011] ou encore Yuri Biondi [2003].

44. Voir, entre autres, ses discours devant la Chambre des députés les 17 avril 1838 et 22 avril 1840.

Alors que se prépare la conversion du « milliard des émigrés », Jacques Laffitte [1824] écrit que la conversion est un véritable progrès et qu'elle doit s'imposer comme complément indissociable du système de crédit public[45]. Il affirme alors que lorsqu'elle est possible, elle cesse d'être un droit du gouvernement et s'impose en devoir. L'opposition aux projets de conversion mobilise quant à elle l'argument de la défense de la propriété. Si la vieille aristocratie terrienne a perdu toute influence économique et morale en émigrant vers les villes [Sismondi, 1837], l'influence politique qu'acquiert en échange cette aristocratie terrienne métamorphosée en bourgeoisie rentière est d'autant plus vacillante que la rémunération de ses propriétés, qui lui conféraient jusque-là une partie de son pouvoir politique, est désormais dévalorisée par le principe même de la conversion. Gaudin justifie par exemple son aversion pour la conversion en proclamant que la perte de la valeur de l'argent est une peine suffisante pour que le rentier n'ait pas à en supporter une supplémentaire [duc de Gaëte, 1832]. À l'inverse, et bien que non hostile par principe à la propriété, Charles Coquelin[46] argue dans la *Revue des deux mondes* [1845] que le rentier ne doit pas échapper à la diminution de l'intérêt qui est une manifestation normale du cours des choses. La conversion participe alors d'une tentative pour la sphère politique de détendre quelque peu le lien qui la maintient dans une relation de dépendance quasi exclusive vis-à-vis du monde des rentiers, et laisse entrevoir la possibilité pour le monde industriel de s'émanciper vis-à-vis des propriétaires. Pour nombre de financiers et députés, la *conversion* des rentes est alors une nécessité et ce positionnement dépasse d'éventuels clivages idéologiques.

L'argumentation des Pereire en faveur de la conversion des rentes prend primitivement forme dans les colonnes du *National* en 1833. En tant que diminution du loyer des capitaux, la *conversion* participe d'une « révolution aussi industrielle que politique qui doit puissamment contribuer à achever la grande révolution sociale commencée depuis 1789[47] » [Pereire, 1913 [1833]]. Par elle, il s'agit de réduire significativement les avantages politiques

45. Opposé au régime de la Restauration, Laffitte soutient la Révolution et le régime de juillet. Avant d'en devenir ministre des Finances, Laffitte, qui est d'abord banquier, est nommé gouverneur de la Banque de France de 1814 à 1820, avant que Gaudin (duc de Gaëte) ne lui succède. On croise souvent son nom dans les écrits saint-simoniens, en particulier d'Enfantin et des Pereire. Et pour cause, Bertrand Gille [1870, p. 112-124] certifie que le célèbre système de banques saint-simonien – dont s'inspire le Crédit Mobilier (1852) des Pereire – est déjà en germe dans les thèses bancaires de Laffitte.

46. Économiste libéral, Charles Coquelin publie spécialement sur les questions de banque et de crédit (1840 ; 1848), et avec Guillaumin [1852], le célèbre *Dictionnaire d'économie politique* à la tonalité libérale. Il est par ailleurs un collaborateur important du *Journal des économistes* et de *La Revue des deux mondes*.

47. Cf. l'article « De la réduction des rentes », *Le National*, le 6 mai 1833, dans Pereire [1913].

et sociaux de la minorité oisive. Diminuer l'intérêt de la rente et de tous les capitaux est ainsi un moyen d'augmenter la part dans les bénéfices sociaux de ceux qui mettent en œuvre les capitaux au détriment de ceux qui les possèdent oisivement. La diminution des arrérages de la dette est bien dans la philosophie saint-simonienne une opération de la plus haute importance pour trois raisons essentielles :

– elle participe d'une relative euthanasie de l'oisiveté ;
– elle décharge le contribuable ;
– elle procure à terme des capitaux « bon marché » à l'industrie.

Au début des années 1830, les frères Pereire dispensent donc une argumentation en faveur de la conversion des rentes au nom du développement industriel : si effectivement l'intérêt de l'État sert de boussole à l'industrie privée, alors la *conversion des rentes* devrait entraîner une diminution du loyer des capitaux dans toutes les sphères. Il s'agit bien entendu simultanément de réduire les dépenses liées au service de la dette. Le 5 %, laissé à sa progression et dépassant le pair, pourra être converti en 4 % – ou même en 3 % – lorsque son cours se sera progressivement élevé. Une telle conception de la *conversion* rallie un certain nombre de financiers, banquiers et économistes de l'époque[48]. Certains *socialistes* sont logiquement épris par cet assaut lancé à la propriété. Il en ainsi est de Proudhon qui, en 1840, dans une argumentation ambiguë et foisonnante, laisse entendre que la conversion des rentes est effectivement une manière d'attaquer le droit de propriété [Proudhon, 1840, p. 28-177]. Aussi de Blanc qui envisage la conversion comme « un moyen de mettre un terme à la prime offerte à l'oisiveté de certains capitalistes [...] et d'obvier à la paresse de certains capitaux » [Blanc, 1844, p. 947]. Toutefois, Victor Considerant, ancien député et principal représentant de la tradition *associationniste* « concurrente » du saint-simonisme – le fouriérisme – interpelle en 1838 les partisans de la conversion : s'il s'agit pour l'État d'économiser sur le service de sa dette, il est préférable d'imposer la rente.

3.2. Le choix de *convertir* ou d'*imposer*

Victor Considerant adresse en 1838 une brochure à ses anciens collègues de la Chambre des députés pour dénoncer l'idée même de conversion. S'il admet qu'il est temps que l'État économise sur le service de sa dette, il ne fait

48. De manière non exhaustive : Laffitte (1838), Ouvrard (1838a ; 1838b), Blanqui (1838) ou encore Charles Coquelin (1845 ; 1854). Pour le détail des débats parlementaires autour le la conversion des rentes, voir le *Moniteur universel.*

toutefois pas valoir, comme les saint-simoniens, une loi positive du crédit [Benausse, 2003] légitimant la diminution « arbitraire » de l'intérêt versé aux créanciers. Il récuse le principe en ce qu'il estime ne pas respecter la dichotomie entre *État-législateur* d'une part et *État-industrie gouvernementale* de l'autre. Il écrit :

> « L'État considéré comme pouvoir exécutif, exerçant l'industrie politique de la nation, est dans sa sphère d'activité spéciale, dans l'exercice de l'industrie politique de la nation, soumis au souverain. Il peut donc contracter, s'engager emprunter aux conditions que la loi lui fait. Le souverain est au-dessus de la loi qu'il fait, au-dessus de la loi qui est son verbe et qui doit obéir comme la parole obéit à la pensée et à la volonté. Si le souverain ne peut s'engager ni contracter, la loi qu'il fait donne à tout ce qui est en dessous de lui la facilité de contracter des engagements valables tant qu'il maintient la loi sanction de ses engagements » [Considerant, 1838, p. 14].

La conversion témoigne selon Considerant de l'erreur pour le gouvernement de vouloir agir en sujet *et* en souverain. Seul le législateur, non engagé par le contrat, peut rééquilibrer avec les conditions présentes les dépenses de l'État liées au service de sa dette. La rente est une propriété comme une autre et elle ne peut se soustraire à l'action du souverain. Si pendant longtemps l'industrie gouvernementale n'a pas été très prospère et qu'il a fallu pour asseoir le crédit de l'État exempter d'impôt la rente, c'est désormais un privilège inadapté et « le souverain doit modifier la loi qui était faite antérieurement, qui était bonne dans le temps, mais qui cesse de l'être » [*ibid.*][49]. S'il est certain qu'il ne faut pas laisser monter indéfiniment le taux de la rente et consacrer le privilège d'antan, Considerant préconise la régularité de l'action plutôt que « les mesures brusques et révolutionnaires ». Le souverain dispose de la loi, il a tout pouvoir d'imposer la rente. L'ambition est d'associer le maximum d'individus possible à l'industrie nationale et de les imposer au même titre que tous les autres propriétaires. Assurer la régularité de la rente est selon lui la meilleure manière d'y parvenir.

Considerant propose donc un moyen de diminuer de manière sensible le service de la dette publique sans soumettre les petits rentiers non initiés aux jeux de Bourse, aux règles de la spéculation et à la domination des joueurs

49. Afin d'assurer le soutien des créanciers de l'État, il a été décidé que la rente serait exemptée d'impôt. Sa possession est libre du *timbre* et sa transmission à titre onéreux est également affranchie de *l'enregistrement*. Se référer sur ce sujet à l'article 16 de la loi du 13 brumaire de l'an VII (3 novembre 1798). La Monarchie de Juillet tente sporadiquement de remédier à cela – notamment via la loi du 18 juillet 1836 ; les transferts de rentes à titre gratuit sont frappés d'un droit en 1850 ; mais il faut attendre l'instauration de l'impôt sur le revenu en 1914 pour que le revenu de la rente soit véritablement atteint par l'impôt.

habiles. L'impôt sur la rente est en ce sens essentiel, il est en outre l'idéal d'impôt[50]. Avant la publication de la brochure de Considerant, les jeunes saint-simoniens s'intéressent à l'impôt sur la rente. Dans le *National*, les frères Pereire argumentent en faveur de son imposition et protestent contre l'idée qu'elle serait nuisible à la stabilité et au développement du crédit public. Contre elle, ils arguent le droit et l'équité : aucune industrie n'est exempte d'impôt, si bien que « le commerce de rentes, la spéculation sur les effets publics, peut et doit participer aux charges générales[51] » [Pereire, 1913 [1833]]. Si l'impôt sur la rente est reconnu juste et équitable ce n'est pas d'un véritable impôt qu'il est question ici, mais plutôt d'un droit sur les mutations. Il est effectivement question de n'imposer que le transfert de rentes – de seulement 0,25 % du capital nominal. Si cette proposition ne figure pas dans la réforme fiscale présentée par Émile Pereire en 1831, un projet plus audacieux est avancé en la personne d'Alphonse Decourdemanche. Ce discret, mais néanmoins appliqué disciple propose effectivement en 1831, dans les pages du *Globe*, la mise en place d'un véritable impôt de 10 % sur le revenu de la rente [Decourdemanche, 1831a et 1831b]. Le taux est justifié par la statistique selon laquelle les revenus fonciers paient dans la proportion du cinquième au dixième du revenu net, le rentier de l'État ayant par ailleurs plus de facilités à réaliser son revenu que le propriétaire foncier[52].

L'argumentation du jeune saint-simonisme en faveur de l'imposition de la rente, tout particulièrement celle des Pereire, est donc pour le moins ramassée et lapidaire. Il n'est après cet épisode plus question d'impôt sur la rente, la conversion des rentes leur apparaissant davantage que l'impôt[53]. Les derniers développements d'Isaac Pereire à cet égard attestent d'une « rupture » autant avec le socialisme de 1830 qu'avec les financiers, banquiers et économistes partisans de la conversion. S'agit-il pour autant d'une rupture déterminante avec l'*industrialisme* saint-simonien ?

50. « C'est l'impôt qui s'établit d'une manière mathématiquement proportionnelle au revenu ! C'est l'impôt qui ne coûte rien à l'État pour sa perception ! » [Considerant, 1838, p. 53].

51. Cf. « De l'assiette de l'impôt », *Le National*, le 18 avril 1833, dans Pereire [1913].

52. Proudhon propose également que les rentiers supportent un impôt afin de contrer « le privilège [dont] ils ont été de tout temps affranchis » [Proudhon, 1857, p. 182].

53. En référence au titre de la brochure de Considerant : « La conversion c'est l'impôt ! » (1838).

3.3. Apostasie ou continuité de la doctrine saint-simonienne : le pouvoir de la spéculation

La *conversion* s'impose-t-elle comme un formidable instrument pour ostraciser et rendre inopérante l'éternelle opposition entre la classe des oisifs et celle des travailleurs ? Cette hypothèse séduisante est d'autant plus intéressante que l'essentiel de l'argumentation des Pereire sur ce sujet regarde avec une hauteur de plus de quarante ans le moment saint-simonien des années trente. Cependant, la *conversion* ne porte pas en elle cette clameur révolutionnaire. Les frères Pereire l'avaient on ne peut mieux perçu et relayé au sein du *National* : le moment de convertir le 5 % est tributaire de l'élévation du cours du 4 %, « hors de là on ne rencontrerait que la ruine des contribuables, que l'ébranlement de notre crédit[54] » [Pereire, 1913 [1833]]. La « sécurité » voudrait ainsi que le 5 % ne soit converti en 4,5 % qu'au moment où ce dernier se maintient au cours de 103 francs environ. Par cette conversion, l'État n'augmente pas sa dette, il est toujours débiteur d'un capital de 100 francs par titre de rente. Toutefois, chaque titre ne donne plus droit qu'à 4,50 francs de rente. On parle de *conversion au pair*, laquelle est pour ses partisans le seul moyen d'éviter les demandes massives de remboursement émanant de rentiers insatisfaits des nouvelles conditions qu'on leur propose et auxquelles l'État ne pourrait répondre. Ceci étant, dans les années 1870, les *vieux* Pereire en appellent à plus de témérité de la part d'un État décidé à diminuer la rançon payée à *l'oisiveté*. Deux camps s'affrontent alors : celui des partisans des *conversions au pair* représenté entre autres par Henri Labeyrie [1878][55] contre celui des tenants des *conversions en dessous du pair*, dont Isaac Pereire [1876 et 1879] est l'ambassadeur.

Quand Isaac publie *Questions financières* [1876], le cours du 5 % a dépassé 107 francs. Il revendique sa conversion non pas en 4,5 % – lequel est déjà au-dessus du pair – comme lors de la conversion de 1852, ni même en 4 %, mais directement en un titre de rente 3 %. Isaac Pereire adhère ainsi à l'idée que le taux de la rente (assimilable au taux d'intérêt de long terme) est le thermomètre du loyer exigé par tous les capitaux et estime alors que l'État

54. Cf. « De l'amortissement et de la réduction des rentes », *Le National*, 27 avril 1833, dans Pereire [1913]. Cette recommandation est itérée dix ans plus tard dans *La Revue des deux mondes*, par Coquelin [1845], dans des termes similaires.

55. Henri Labeyrie est un haut fonctionnaire de l'administration des finances. Directeur de la Caisse des Dépôts et consignations en 1888, puis gouverneur général du Crédit foncier en 1885, Labeyrie est finalement nommé président de la Cour des comptes en 1900. Il publie en 1878 une théorie « orthodoxe » de la conversion des rentes.

est en mesure de réduire significativement l'intérêt que l'*industrie* prodigue à l'*oisiveté*. Celui-ci a par ailleurs tout intérêt à augmenter son crédit, or, nous explique Pereire, les menaces de conversion des titres qui dépassent le pair freinent naturellement leur essor. Via une *conversion au pair* on ne détruit pas l'obstacle qui freine l'élévation du cours, mais on conserve l'élément qui empêche l'abaissement du loyer des capitaux – la proximité du pair. Dernier argument mobilisé par le saint-simonien : une conversion en un titre directement en dessous de celui que l'on cherche à convertir maintient une concurrence entre les différents fonds et exerce une pression à la baisse sur les cours. S'il souhaite ainsi convertir le 5 % directement en 3 % c'est donc dans l'objectif d'unifier la dette publique[56]. Il estime ainsi que, débarrassé de la concurrence du 5 %, le désormais seul et unique 3 % qui ne peut être remboursé avant d'avoir atteint le pair, peut s'élever fortement et donner la vraie mesure du crédit de l'État[57]. Pour qu'une telle conversion puisse se réaliser, l'État doit offrir aux rentiers un intérêt légèrement supérieur à celui qu'ils percevraient naturellement après la conversion. Ce faisant, l'État se reconnaît débiteur d'un capital plus important et la dette augmente[58]. Isaac Pereire insiste toutefois sur le double intérêt pour l'État, les contribuables, l'industrie et même les rentiers, d'une *conversion en dessous du pair*. Elle permet dans un premier temps d'obtenir une économie plus forte en termes de service de la dette, laissant ainsi aux contribuables les capitaux nécessaires à leur industrie. Aussi, la réduction plus dure à accepter pour le rentier est compensée par l'espoir d'une amélioration plus ou moins importante de son capital. Lorsque la rente s'élèvera au cours de 100 francs, ce qu'estime-t-il elle ne manquera pas de faire, le rentier pourra la vendre et profiter de cet accroissement de capital – il se targue d'indiquer que cette compensation ne figure pas dans les *conversions au pair*.

Les détracteurs d'un tel plan de *conversion* sont nombreux, Paul Leroy-Beaulieu [1877] et Henri Labeyrie [1878] sont de ceux-là. Outre

56. Cet objectif est celui du ministre Fould lorsqu'il propose en 1862 et se voit refuser, la conversion du 4,5 % en 3 %.

57. Unifier la dette sur le titre 3 % est également un moyen de limiter la concurrence à laquelle sont soumis les titres des Compagnies de chemins de fer (Pereire, 1876, p. 83).

58. Imaginons que le cours du 5 % est de 110 francs et celui du 3 % de 80 francs. Le 5 % se capitalise donc à 4,55 f et le 3 % à 3,75 f. Au moment de la conversion, le rentier choisit donc de recouvrer son capital au pair (100 francs) ou de recevoir une nouvelle inscription de rente 3 % offrant un intérêt de 3,75 f. L'effort demandé au rentier est important et l'État offre donc une rente légèrement supérieure à celle qui correspond au cours du 3 % : par exemple 3,90 f. Or 3,90 f de rente correspond, à l'aune du 3 %, à un capital de 130 f. Ainsi, dans une telle configuration, l'État n'est plus débiteur de 100 f par titre de rente 3 % mais bien de 130 f.

l'augmentation du capital de la dette qui en résulte, le plan repose selon eux sur une curieuse vue de l'esprit : supposer que seule la rente donne la mesure du loyer que sont en droit d'exiger tous les capitaux et estimer que la conversion de la rente peut alors précipiter sa chute[59]. La conversion doit ici être vue comme une conséquence de l'abaissement du loyer des capitaux, elle ne saurait en être le moteur. Par ailleurs, une conversion en dessous du pair empêche d'opérer dans l'avenir d'autres conversions, lesquelles permettraient *in fine* des économies globales plus importantes[60]. Enfin, le principal reproche adressé au plan de Pereire est finalement d'ouvrir la porte à la spéculation. Dans un argumentaire quelque peu paradoxal, Proudhon prévenait déjà en 1857 que si la réduction de tous les titres de rente à un taux unique était une réforme importante que l'avenir sans doute réalisera, la conversion en dessous du pair ne pouvait constituer autre chose qu'« un appât à la spéculation » [Proudhon, 1857, p. 186]. Les opérations sur des titres de faible montant (le 3 %) devaient se multiplier et les bénéfices des intermédiaires banquiers et agents de change considérablement augmenter. Labeyrie [1878] explique que l'émission d'emprunts en dessous du pair est une invention de la Haute-Banque profitant, au début du siècle, de la faiblesse financière de l'État pour lui imposer ses conditions[61]. En cette fin de siècle, la haute finance invente d'après lui, selon la même logique spéculative, la *conversion en dessous du pair*. Les banques achètent des titres quand le cours est faible, en négligeant totalement l'intérêt servi, et les revendent à un cours augmenté.

Dans la philosophie de Saint-Simon propagée après sa mort par ses disciples, la classe des industriels renferme aussi bien l'ensemble des producteurs (maîtres et ouvriers) que les banquiers [Saint-Simon, 1823-1824 ; Yonnet, 2004]. La spéculation est toutefois bannie[62], l'essence de la

59. Labeyrie s'insurge sur ce point contre Laffitte indiquant que « l'État n'est pas maître [...] de fixer de sa propre autorité le taux de son crédit [...] » [Labeyrie, 1878, p. 85]. Il rejoint ici indirectement, et sans bien sûr le citer, la critique formulée par Considerant [1838].

60. « En faisant une conversion, on doit toujours avoir en vue une conversion nouvelle au bout d'un certain nombre d'années » [Leroy-Beaulieu, 1877, p. 550]. L'argument est également présent chez Labeyrie [1878]. Par ailleurs, l'unification de la dette n'offrirait selon Labeyrie aucun avantage « aux parties intéressées ». L'exemple de l'Angleterre s'inscrit selon lui en faux contre ses partisans : tant qu'elle disposait de fonds à convertir, le 3 % s'est élevé plusieurs fois au-dessus du pair, depuis que la dette est unifiée, le 3 % reste en dessous du pair de plusieurs unités [Labeyrie, 1878, p. 91].

61. Pour les différents taux de négociation des emprunts, voir en particulier Vührer [1886, t. II, p. 359].

62. *Le Producteur* distingue toutefois la spéculation *directe* de la spéculation *fictive*. Il faut, nous dit Dubochet, reconnaître à la spéculation directe son mérite lorsque, portée sur les fonds publics, elle permet de restaurer le crédit de l'État. Elle ne saurait toutefois être davantage que transitoire [Dubochet, 1826].

banque étant d'assurer la circulation des capitaux en conformité avec les besoins sociaux : leur passage depuis des mains improductives vers celles de ceux qui savent les utiliser. La *conversion* que défend Isaac en cette fin de siècle sert-elle véritablement la cause des industriels, au premier rang desquels les producteurs, ou essentiellement celle des banquiers spéculateurs ? En revendiquant l'unification de la dette sur le titre 3 % et avançant le mérite d'une telle conversion en arguant l'augmentation du capital qu'elle stipule, Isaac Pereire semble négliger les différentes motivations qui amènent les individus à souscrire à des titres sur la dette de l'État... ou bien le fait-il consciemment – Isaac Pereire est désormais un financier aguerri. Le rentier de cette fin de siècle n'est plus uniquement le grand bourgeois soutenu par les *pairs*, qui espère trouver dans la rente sur l'État un revenu perpétuel sans travail. Les petits capitalistes *actifs* – considérés comme industriels par le saint-simonisme – recherchent dans la rente un placement temporaire qui leur assure une certaine sécurité, c'est-à-dire la stabilité des cours. Or, plus la conversion a lieu loin du pair, moins cette stabilité est assurée. Avec les mêmes motivations, la rente séduit également, dès la seconde moitié du siècle, les petits épargnants. Désormais nombreux, ces individus achètent des rentes pour être assurés du paiement régulier des intérêts et les conservent pour retrouver intact leur capital. Le créancier de l'État n'est plus uniquement le rentier désœuvré du début du siècle. Et encore, évoquer un idéal type du rentier au commencement du crédit public est sans doute déjà trahir une réalité plus complexe. En effet, quand bien même ils ne représentent pas grand-chose dans le montant total de la rente sous la Restauration où les rentiers *qui comptent* sont ceux qui possèdent la moitié des rentes, les petits rentiers sont tout de même nombreux [Verheyde, 2006][63]. Aussi la situation évolue rapidement. Leroy-Beaulieu [1877, t. II, p. 137] estime que si avant 1870 on ne compte pas plus de 600 000 rentiers, ils sont un million en 1876. Cette progression s'explique pour Gallais-Hamonno et Hautcœur [2007, p. 335] par les créations successives de petites coupures – 5 francs en 1864 et 3 francs en 1870. Ainsi la rente n'est plus en cette fin de siècle l'apanage des grandes fortunes terriennes et devient accessible pour l'épargne populaire, quand bien même de fortes inégalités subsistent.

63. Philippe Verheyde s'appuie sur le *Rapport au roi sur l'administration des finances* [1830] pour montrer qu'il est un certain nombre de petits rentiers pour lesquels la rente représente un revenu d'appoint ou une assurance. 86 % du total des rentiers détiennent 28 % du montant total de la rente. Ceci est particulièrement vrai à partir de 1848 [Vaslin, 1999 ; 2007].

Remarques conclusives

L'argumentation saint-simonienne à l'égard de la dette publique et de son financement s'inscrit très largement dans les thèmes de prédilection du jeune saint-simonisme. Les jeunes Pereire appréhendent la question de la dette à travers l'éternelle opposition entre le travail et l'oisiveté, entre l'industrie et la propriété. Tandis que l'impôt entérine la domination de la première par la seconde, l'emprunt doit permettre l'émancipation de l'industrie vis-à-vis des propriétaires. La dette apparaît alors comme une condition du développement de l'industrie, et la *rente perpétuelle* comme une ressource financière nécessaire aux investissements de long terme que requièrent les grands travaux. On a là une transposition de la logique bancaire saint-simonienne à la gestion du crédit public. Ainsi, lorsqu'ils combattent la Caisse d'amortissement, les saint-simoniens contestent la primauté donnée aux intérêts oisifs et dénoncent le coût que fait peser l'opération sur les épaules du contribuable. Aussi, lorsqu'ils se déclarent favorables à la conversion des rentes, ils souhaitent précipiter la chute du loyer des capitaux et réduire l'intérêt à une simple prime de solvabilité qui, sous les progrès de la confiance, doit progressivement tendre vers zéro. Enfin, le rôle qu'est appelé à jouer le banquier dans l'émancipation des producteurs est également en accord avec l'enseignement primitif de Saint-Simon [Saint-Simon, 1823-1824 ; Yonnet, 2004].

Le plan de conversion proposé au crépuscule des années 1870 demeure toutefois singulier. S'il souhaite diminuer drastiquement l'intérêt de la rente permettant une relative « euthanasie du rentier[64] », ce plan nie le pluralisme rentier de cette fin de siècle et contrarie les petites épargnes des particuliers et capitalistes placées dans la dette de l'État. Le plan satisfait cependant les spéculateurs à la recherche d'une plus-value sur le capital. Le banquier est ainsi partie prenante dans le règlement des finances publiques : ce n'est toutefois pas sa mission sociale et industrielle primitivement théorisée par Saint-Simon qui prédomine, mais une logique spéculative qui consiste à parier sur l'avenir. La terminologie est assumée au sein des derniers écrits, Isaac Pereire évoquant par exemple « l'élément puissant de la spéculation » [Pereire, 1876, p. 84]. La frénésie des Pereire pour la conversion, contre ses opposants qui dénoncent un manquement au *droit* – le droit étant au fondement de l'initiative politique –, atteste en effet de la supériorité, à leurs yeux « vieillis », des dispositifs économiques ou spéculatifs sur les procédés

64. D'après la formule de John Maynard Keynes [1936], *Théorie générale de l'emploi, de l'intérêt et de la monnaie.*

politiques pour réguler l'ordre social, et témoigne de la volonté de conférer plus de pouvoir au monde de la finance. Dès l'entame des discussions relatives à l'opportunité et à la légalité des *conversions,* le débat se cristallise autour de la question du respect du contrat synallagmatique qui lie l'État à son créancier et sur l'exposition du second à tout arbitrage de la part du premier. Si l'on considère avec Proudhon la spéculation comme « l'ensemble des moyens, non prévus par la loi ou insaisissables à la justice, de surprendre le bien d'autrui » [Proudhon, 1857, Préface, p. 3], la conversion défendue par Isaac Pereire relève bien d'un instrument spéculatif. Le *vieux* saint-simonien ne pouvant a priori se contenter de la proposition transparente du *jeune* Considerant [1838] qui préconise l'impôt sur la rente plutôt que la conversion, réintroduisant ainsi l'impôt et le droit – l'initiative politique – comme principes génératifs de l'ordre social[65]. Le crédit est au cœur de la vie économique, il doit également se trouver au centre de la vie politique [Gille, 1970, p. 123].

Aveuglé par un désir ardent d'offrir à l'industrie des capitaux bon marché, Pereire a-t-il involontairement sous-estimé l'impact de son projet sur la spéculation et le pouvoir qu'il offrait aux banques ? Il est difficile de le soutenir. Cette ardeur spéculative s'inscrit en revanche dans la continuité de l'esprit financier du début du Second Empire, véritable moment de la spéculation privée sur laquelle s'appuie le régime pour ouvrir la carrière de l'industrie. C'est notamment le moment du *Crédit Mobilier* (1852)[66], lequel incarne autant la velléité saint-simonienne d'« offrir » des prêts de long terme aux industriels, que la *financiarisation* de la doctrine saint-simonienne des Pereire [Vergeot, 1918]. La constitution du *Crédit Mobilier* devait par ailleurs favoriser l'émission d'emprunts publics grâce aux capitaux considérables qu'il devait administrer. Toutefois, dans le dernier tiers de siècle, l'Empire n'est plus celui des saint-simoniens [Girard, 1952, p. 356][67] et l'heure est

65. « En plaidant ainsi la cause des rentiers, estime Considerant, je ne fais pas simplement du sentiment ou de l'humanité, mais encore de la politique, et de la bonne politique, c'est-à-dire de la politique qui se fonde sur la connaissance de la convenance des choses sur l'humanité » [Considerant, 1838, p. 43-44].

66. La période est également celle où les deux frères proposent à Napoléon les *Sociétés Mutuelles de Crédit* (1853) que Franck Yonnet étudie comme l'avatar des jeunes idées saint-simoniennes en matière de banque et que Napoléon refuse [Yonnet, 1998].

67. Louis Girard montre que le début de l'Empire est réellement saint-simonien tant les travaux publics qui sont financés par des plus-values ultérieures alimentent presque toute l'économie industrielle. On a affaire à un « système de comptabilité commerciale et industrielle » qui tranche avec « les coutumes de la comptabilité d'un État parlementaire » [Girard, 1952, p. 398]. Il explique aussi que le Crédit Mobilier permit de déjouer la coalition financière de 1852 contre l'Empire. L'établissement rêvé d'une banque commanditaire de toute l'industrie française devait signer la fin de l'ère de la haute banque. Le Crédit Mobilier finance l'aménagement de Paris ainsi que l'industrie de l'État, notamment les chemins de fer.

plutôt à la liquidation de leurs affaires, à commencer donc par le *Crédit Mobilier* (1867). Leurs imprudences dans la gestion du financement des travaux publics sont dénoncées, les « enchanteurs d'hier » sont raillés et les députés, revendiquant le *droit*, souhaitent reprendre la main sur la gestion des finances publiques [Girard, 1952 ; Anceau, 2008, p. 402].

Il faut alors appréhender l'évolution du discours entre les conférences de jeunesse des années 1830, l'adolescence des saint-simoniens (1825-1832), et la « maturité » d'individus jouant un rôle important dans la croissance *impériale* de la haute finance. Il est toutefois possible d'entrechoquer ces deux moments en donnant à voir des constances argumentatives. L'intérêt pour l'amélioration du sort de la classe la plus nombreuse est une de ces permanences, autant que l'outil utilisé pour réaliser ce renversement. La foi bancaire et l'aspiration à réformer l'impôt par le crédit donnent effectivement à voir une continuité avec le message de Saint-Simon du début du siècle[68]. En atteste le « concours sur le paupérisme » qu'Isaac Pereire lance juste avant de mourir, en 1880, autour de quatre grandes questions relatives entre autres à l'organisation du crédit et à la réforme de l'impôt. Si durant les années 1825-1833 les frères Pereire proposaient sur ces sujets leurs propres argumentations contre les libéraux de l'école classique, le jury du concours de 1880, preuve d'une certaine évolution, est lui composé entre autres de J. Garnier, J.-G. Courcelle-Seneuil et F. Passy.

S'intéresser aux conception et gestion saint-simoniennes de la dette publique sur toute la période 1825-1880 permet autant de mettre en lumière l'évolution entre le discours de jeunesse et les réalisations pratiques qui bornent respectivement le long siècle, que de donner à voir cette passion industrialo-financière qui le traverse.

Les immobilisations financières sont trop importantes et Louis Girard parle de « la victoire des vaincus » à la fin des années 1860 : « L'Empire et la finance saint-simonienne avaient toujours escompté l'avenir. Et l'avenir de 1852 c'est 1868 » [*ibid.*, p. 371]. Voir aussi sur ce point Anceau [2008, p. 403]. La victoire de Rothschild et Talabot devait ainsi rendre impossible le sauvetage des Pereire, pas même de la part d'un Empire dont le règne semblait devoir beaucoup à toutes leurs imprudences [*ibid.*, Gille, 1970, p. 127].

68. Dans *La question religieuse* [1878], Isaac Pereire fait à plusieurs reprises référence à Saint-Simon en tant que « grand philosophe de ce siècle » [p. 76-77] ainsi qu'aux « grands esprits » et vieux amis de « l'intime communauté d'études et de travaux » des années 1830 [p. 85].

Bibliographie

Aglan Alya, Margairaz Michel, Verheyde Philippe (dir.) [2006], *1816 ou La genèse de la Foi publique : la fondation de la Caisse des Dépôts et consignations : [ouvrage issu des actes de la journée d'étude organisée par le Conseil scientifique et historique de la Caisse des Dépôts et consignations, le 15 avril 2005]*, Genève, Droz.

Anceau Éric [2008], *Napoléon III : un Saint-Simon à cheval*, Paris, Tallandier.

Anonyme [1830], « Fortifications de Paris », Le Globe, *journal politique, philosophique et littéraire*, 6, 9 décembre, p. 1171-1172.

Autin Jean [1984], *Les frères Pereire, le bonheur d'entreprendre*, Paris, Belin.

Barrault Émile [1831], *Doctrine de Saint-Simon. Exposition. Première année, 1829* [seconde édition], Paris.

Bavelier Adrien [1886], *Des rentes sur l'État français, législation qui les concerne*, Paris, Libraire nouvelle de droit et de jurisprudence Arthur-Rousseau.

Béguin Katia [2011], « Estimer la valeur de marché des rentes d'État sous l'Ancien Régime », *Histoire & mesure* [en ligne], XXVI-2 | 2011, mis en ligne le 15 décembre 2011, consulté le 13 mars 2016. http://histoiremesure.revues.org/4216

Bellet Michel [2014], *La critique saint-simonienne de la secte des économistes : un positionnement original*, Working paper GATE 2014-09. <halshs-00956451>

—, Causse Lise [2008], « Un moment saint-simonien en économie politique », Website scientifique Textes économiques saint-simoniens [GATE LSE, CNRS, ISH, Région Rhône-Alpes], université Jean-Monnet Saint-Étienne. http://portail.univ-st-etienne.fr/bienvenue/recherche/introduction-a-l-acces-aux-textes-saint-simoniens-282484.kjsp

Benausse Alain [2003], « Le taux d'intérêt chez les jeunes saint-simoniens [1825-1832] », thèse de sciences économiques, université Lumière Lyon 2, Lyon.

Breton Yves [1986], « La place de la statistique et de l'arithmétique politique dans la méthodologie de J.-B. Say : le temps des ruptures », *Revue économique*, vol. 37, n° 6, p. 1033-1062.

Biondi Yuri [2003], « Les "Recherches sur les rentes" de Duvillard (1787) et le taux interne de rentabilité », *Revue d'histoire des mathématiques*, p. 81-130.

Blanc Louis [1844], *Histoire de dix ans. 1830-1840*, t. 2, Bruxelles, Société typographique belge.

Bruguière Michel [1992], *Pour une renaissance de l'histoire financière* XVIIIe-XXe *siècle*, Paris, Comité pour l'histoire économique et financière de la France.

Chaïbi Olivier [2011], « Entre crédit public et crédit mutuel : un aperçu des théories du crédit au XIXe siècle », *Romantisme*, n° 151, p. 53-66.

Charlety Sylvain [1931], *Histoire du saint-simonisme (1825-1864)*, Paris, Paul Hartmann.

Coquelin Charles [1845], « De la conversion des rentes », *Revue des deux mondes*, t. 10, p. 132-151.

— , Guillaumin Henri [1852], *Dictionnaire d'économie politique*, t. I, Paris, Guillaumin et Cie.

Considerant Victor [1838], *La conversion c'est l'impôt*, Paris, H. Delloye.

Delalande Nicolas [2011], *Les batailles de l'impôt : consentement et résistances de 1789 à nos jours*, L'Univers historique, Paris, Seuil.

Decourdemanche Alphonse [1830], « Aux industriels : lettres sur la législation dans ses rapports avec l'industrie et la propriété dans lesquelles on fait connaître les causes de la crise actuelle et les moyens de la faire cesser. Deuxième lettre. Partialité des lois fiscales envers l'industrie », *Le Globe, journal politique, philosophique et littéraire*, 6, (273), 22 novembre, p. 1103.

— [1831a], « Aux industriels : lettres sur la législation dans ses rapports avec l'industrie et la propriété dans lesquelles on fait connaître les causes de la crise actuelle et les moyens de la faire cesser. Treizième lettre. Du système d'impôt à substituer à celui qui est maintenant en vigueur », *Le Globe, journal de la religion saint-simonienne*, 7, (239), 27 août, p. 955-956.

— [1831b], « Aux industriels : lettres sur la législation dans ses rapports avec l'industrie et la propriété dans lesquelles on fait connaître les causes de la crise actuelle et les moyens de la faire cesser. Quatorzième lettre. Du système d'impôt à substituer à celui qui est maintenant en vigueur », *Le Globe, journal de la religion saint-simonienne*, 7, (249), 6 septembre, p. 993-994.

Demier Francis [2006]. « La Caisse d'amortissement dans les débats politiques de la monarchie constitutionnelle de 1814 aux lendemains de 1830 », dans Aglan (*et al.*), *1816 ou La genèse de la Foi publique : la fondation de la Caisse des Dépôts et consignations : [ouvrage issu des actes de la journée d'étude organisée par le Conseil scientifique et historique de la Caisse des Dépôts et consignations, le 15 avril 2005]*, Genève, Droz.

Domin Jean-Paul [2007], « La question du monopole d'émission de la monnaie : le débat banque centrale contre banque libre chez les économistes français [1860-1875] », *Revue européenne des sciences sociales*, XLV-137, p. 185-202.

Dubochet [1826], « De la spéculation », *Le Producteur*, vol. 4, Paris, Bossange père, p. 317-372.

Duc de Gaëte [1826], *Mémoires, souvenirs, opinions et écrits du duc de Gaëte*, Paris, Baudouin Frères Éditeurs.

— [1828], *Considérations sur la dette publique de France sur l'emprunt en général et sur l'amortissement*, Paris, Les marchés de liberté.

— [1832], *Considérations sur la dette publique de France et observations sur un nouveau système de finances*, Paris, Imprimerie de Goetschy fils et Cie.

— [1833], *Un dernier mot sur l'amortissement*, Paris, Imprimerie de Goetschy fils et Cie.

— [1836], *Observation faite en 1836 à la Chambre des députés d'une proposition concernant le remboursement et la réduction de la rente [...]*, Paris, Ch. Thomas.

— [1840], *Des conséquences du rejet par la Chambre des pairs, du projet de loi concernant le remboursement et la conversion de la rente de 5 francs [...]*, Paris, Guiraudet et Jouaust.

Ege Ragip [2000], « L'économie politique et les systèmes sociaux pendant la première moitié du XIXe siècle », dans Béraud Alain et Facarello Gilbert (dir.), *Nouvelle histoire de la pensée économique*, t. 2, *Des premiers mouvements socialistes aux néoclassiques*, p. 12-61, Paris, La Découverte.

Enfantin Barthélémy Prosper [1826], « Du système d'emprunt comparé à celui des impôts », *Le Producteur*, 3, p. 215-252.

— [1831a], « Économie politique. Les oisifs et les travailleurs. Fermages, loyers, intérêts, salaires », *Le Globe*, 66, p. 264.

— [1831b], « Économie politique. Les oisifs et les travailleurs. Fermages, loyers, intérêts, salaires », *Le Globe*, 73, p. 292.

— [1831c], « Les oisifs et les travailleurs. Fonctions politiques selon les oisifs. Fonctions politiques selon les travailleurs », *Le Globe*, 80, p. 317.

— [1831d], « Économie politique. Institution des banques », *Le Globe*, 94, p. 380.

— [1831e], « Politique saint-simonienne. Les banques », *Le Globe*, 118, p. 477-478.

— [1831e], « Du crédit public », *Le Globe*, 118, p. 57-58.

— [1832], *Économie politique et politique*, (articles issus du Globe) [2e édition], Paris, Bureau du Globe.

— [1849], *Correspondance politique, par P. Enfantin, 1835-1840*, Extraits du journal *Le Crédit*, Paris, Au bureau du journal *Le Crédit*.

Epstein Stephan R. [2000], *Freedom and growth: the rise of states and markets inEurope, 1300-1750*, Londres & New York, Routledge.

Frobert Ludovic [2014], « What is a just society? The answer according to the Socialistes Fraternitaires Louis Blanc, Constantin Pecqueur and François Vidal », *History of Political Economy*, vol. 46, number 2, p. 281-306.

Gallais-Hamonno Georges, Hautcœur Pierre-Cyrille (dir.), 2007, *Le marché financier français au XIXe siècle*, 2 volumes, Paris, Publications de la Sorbonne.

Gille Bertrand [1970], *La banque en France au XIXe siècle*, Genève, Droz.

Girard Louis [1952], *La politique des travaux publics du Second Empire*, Paris, Armand Colin.

— [1970], « Valeur et permanence des thèmes saint-simoniens », *Économies et sociétés*, t. V, p. 773-792.

Girardin (de) Émile [1858], *Questions de mon temps 1836 à 1856. Questions financières*, t. 10, Paris, Serrière, imprimeur-libraire.

Gorge J.-M. [1884], *La dette publique : histoire de la rente française*, Paris, Guillaumin et Cie.

Halévy Elie [1906], « Les principes de la distribution des richesses », *Revue de métaphysique et de morale*, t. 14, n° 4, p. 545-595.

— [1907], « La doctrine économique de Saint-Simon », *La Revue du mois*, décembre, p. 641-676.

— [1938], *L'ère des tyrannies : études sur le socialisme et la guerre*, Paris, Gallimard.

Hautcœur Pierre-Cyrille [2008], « Marchés financiers et développement économique : une approche historique », *Regards croisés sur l'économie*, n° 3, p. 159-172.

Hauterive [1825], *Notions élémentaires d'économie politique [...]* [2e édition], Paris, Thoisnier-Desplaces.

Jacoud Gilles [2010], *Political Economy and Industrialism. Banks in Saint-Simonian Economic Thought*, New York, Routledge.

— [2014], « Droit de propriété et économie politique dans l'analyse saint-simonienne », *Revue économique*, vol. 65, p. 299-315.

Joubert Alfred [1896], *L'amortissement de la dette publique*, Paris, Guillaumin et Cie.

Labeyrie Henri [1878], *Théorie et histoire de la conversion de rentes ; suivies d'une étude sur la conversion du 5 % français*, Paris, Guillaumin et Cie.

Lanza Andrea [2006], « La recomposition de l'unité sociale. Étude des tensions démocratiques chez les socialistes fraternitaires (1839-1847) », thèse de doctorat : études politiques, sous la direction de Pierre Rosanvallon, Paris, Écoles des hautes études en sciences sociales.

Laffitte Jacques [1824], *Réflexion sur la réduction de la rente et sur l'état du crédit* [2e édition], Paris, Galerie de Bossange père.

Lamartine Alfonse [1838], *Discours contre la conversion des rentes prononcé à la Chambre des députés, séance du 7 avril 1838*, Paris, Imprimerie de E. Duverger.

Larrère Catherine [2005], « L'étude des sphères : une autre approche de l'économique ? », *Revue de métaphysique et de morale*, n° 47, p. 319-332.

Latour François [1962], *Le grand argentier de Napoléon*, Paris, Éditions du Scorpion.

Leroy-Beaulieu Paul [1877], *Traité de la science des finances*, 2 vol., Paris, Guillaumin et Alcan.

Lutfalla Michel [1976], « Sismondi aristofile », *Économies et sociétés*, n° 21, p. 1247-1249.

— [2006], *Économistes britanniques et français face à la question de l'amortissement d'Isaac Panchaud aux lendemains de la loi de 1816*, dans Aglan (*et al.*), *1816 ou La genèse de la Foi publique : la fondation de la Caisse des Dépôts et consignations : [ouvrage issu des actes de la journée d'étude organisée par le Conseil scientifique et historique de la Caisse des Dépôts et consignations, le 15 avril 2005]*, Genève, Droz.

Marion Marcel [1928], *Histoire financière de la France depuis 1775*, vol. 5, Paris, A. Rousseau.

— [1931], *Histoire financière de la France depuis 1775*, vol. 6, Paris, A. Rousseau.

Mill John Stuart [1873], *Principes d'économie politique* [3e édition], 1re éd. 1848, Paris, Guillaumin.

— , Eugène d'Eichtal (éd.) [1898], *Correspondance inédite avec Gustave d'Eichtal*, Paris, Félix Alcan.

Munro John H., 2003, « The Medieval Origins of the Financial Revolution, Usury, Rentes and Negociability », *The International History Review*, vol. 25, n° 3, p. 505-562.

Musso Pierre [1999], *Saint-Simon et le saint-simonisme*, Paris, PUF.

— [2006], *La religion du monde industriel : analyse de la pensée de Saint-Simon*, Paris, Éditions de l'Aube.

Neymarck Alfred [1878], *Les contribuables et la conversion des rentes*, Paris, Guillaumin et Cie.

Ouvrard Jules [1838a], *Erreurs financières dévoilées*, Paris, Imp. de L.-B. Thomassin.

— [1838b], *Du Remboursement et de la conversion de la rente 5 %* [2e édition], Paris, Gosselin.

Pereire Émile [1831], *Examen du budget de 1832 : réformes financières, examen théorique et pratique de l'amortissement,* Paris, au bureau de la Revue encyclopédique.

— [1832], *De l'assiette de l'impôt. Examen critique du travail de la commission de la chambre des députés sur le budget des recettes,* Paris, au bureau de la Revue encyclopédique.

Pereire Eugène [1857], *Tableaux sur les questions d'intérêts et de finances* [2e édition], Paris, Guillaumin.

Pereire Émile, Pereire Isaac [1866], *Enquête sur la Banque de France – Dépositions de MM. Émile & Isaac Pereire devant le Conseil supérieur du commerce de l'agriculture et de l'industrie,* Paris, P. Dupont.

— [1913], *Œuvres d'Émile et Isaac Pereire : rassemblées et commentée par Pierre-Charles Laurent de Villedeuil, et augmentées d'une introduction, d'une biographie des auteurs, de remarques, de tables et d'un choix de documents contemporain. Série D : Le crédit public moderne et la politique française* [1831-1835], Paris, Alcan.

Pereire Isaac [1832], *Leçons sur l'industrie et les finances, prononcées à la salle de l'Athénée par Isaac Pereire, suivies d'un projet de banque*, Paris, Bureau du Globe.

— [1864], *La Banque de France et l'organisation du crédit en France*, Paris, P. Dupont.

— [1865], *Principes de la constitution des banques et de l'organisation du crédit,* Paris, P. Dupont.

— [1876], *Questions financières. Le budget de 1877. Réforme de l'impôt par l'emprunt, dégrèvement des impôts, conversion, réduction de l'intérêt, amortissement* [2e édition], Paris, Imprimerie Cl. Motteroz.

— [1878], *La question religieuse,* Paris, Imprimerie Cl. Motteroz.

— [1879], *Politique financière. La conversion et l'amortissement,* Paris, Imprimerie Cl. Motteroz.

Perroux François [1964], *Industrie et création collective,* t. I, Paris, PUF.

Proudhon Pierre-Joseph [1840], *Qu'est-ce que la propriété ?,* Paris, J.-F. Brocard.

— [1857], *Manuel de la spéculation à la Bourse* [5e édition], Paris, Garnier frères.

Say Jean-Baptiste [1828-1829], *Cours complet d'économie politique*, Paris, Guillaumin et Cie.

Saint-Simon Claude Henri de Rouvroy [2012], *Œuvres complètes*, Grange Juliette, Musso Pierre,

Regnier Philippe, Yonnet Franck (éd.), 4 vol., Paris, PUF.

Simonde de Sismondi Jean Charles Léonard [1837], *Études sur l'économie politique*, 2 vol., Bruxelles.

Steiner Philippe [2006], « French political economy, industrialism and social change (1815-1830) », dans Stathakis, Vaggi (ed.), *Economic Development and Social Change: A Historical Approach*, Abingdon, New York, Routledge, p. 232-256.

Théret Bruno [1991], « Apogée et déclin du rentier de la dette publique dans le grand XIXe siècle libéral (1815-1935) », *Économies et sociétés – Cahiers ISMEA*, 25 [1], p. 87-136.

— [1992], *Régimes économiques de l'ordre politique : esquisse d'une théorie régulationniste des limites de l'État*, Paris,PUF.

Vaslin Jacques-Marie [1999], « Le marché des rentes françaises au XIXe siècle et la crédibilité financière de l'État », thèse de doctorat : sciences économiques, sous la direction de Gallais-Hamonno Georges, Orléans, université d'Orléans.

— [2007], « Le siècle d'or de la rente perpétuelle française » dans Hautcœur Pierre-Cyrille et Gallais-Hamonno Georges (dir.), *Le marché financier français au XIXe siècle*, vol. 2, Paris, Publications de la Sorbonne, p. 117-208.

Vergeot Jean-Baptiste [1918], « Le crédit comme stimulant et régulateur de l'industrie. La conception saint-simonienne, ses réalisations, son application au problème bancaire de l'après-guerre », thèse de doctorat, Jouve, Paris.

Verheyde Philippe [2006], « Politiques et pratiques financière de la Caisse d'amortissement et de la Caisse des Dépôts et consignations », dans Aglan Alya *et al.*, *1816 ou La genèse de la Foi publique : la fondation de la Caisse des Dépôts et consignations : [ouvrage issu des actes de la journée d'étude organisée par le Conseil scientifique et historique de la Caisse des Dépôts et consignations, le 15 avril 2005]*, Genève, Droz.

Vührer A. [1886], *Histoire de la dette publique*, 2 vol., Paris, Berger-Levrault & Cie.

Walzer Michael [2013], *Sphères de justice : une défense du pluralisme et de l'égalité*, traduit de l'américain par Pascal Engel, Paris, Seuil.

Yonnet Franck [1998], « La banque saint-simonienne : le projet des sociétés mutuelles de crédit des frères Pereire », *Revue française d'économie*, vol. 13, n° 2, p. 59-99.

— [2004], « Claude-Henry de Saint-Simon, l'industrialisme et les banquiers », *Cahiers d'économie politique*, n° 46, p. 147-174.

— [2006], « La structuration de l'économie et de la banque sous le Second Empire : le rôle du Crédit Mobilier des Pereire », dans Coilly, Régnier (dir), *Le siècle des saint-simoniens : du nouveau christianisme au canal de Suez*, Paris, Bibliothèque nationale de France, p. 124-129.

FÉTICHISME DE LA MARCHANDISE ET ONTOLOGIE SOCIALE CHEZ MARX.
Interprétation essentialiste *versus* interprétation constructiviste

Richard Sobel[1]

Dans l'analyse économique marxiste, quel statut épistémologique peut-on donner à la théorie du fétichisme de la marchandise ? En nous situant sur le plan de l'ontologie sociale, nous défendons l'idée que répondre à cette question revient toujours à distinguer deux interprétations de Marx : (1) l'interprétation essentialiste (le fétichisme est un phénomène de surface et économiquement secondaire) et (2) l'interprétation constructiviste (le fétichisme est fondamental s'agissant de rendre compte du mode d'être marchand). Cette distinction permet d'éclairer aussi ce qu'engage « positivement » la notion de critique chez Marx, au sens où il développe une « critique de l'économie politique ».

Commodity fetishism and social ontology in the* Capital. *Essentialist lecture versus constructivist lecture

In the Marxist economic analysis, what epistemological status can we give to the theory of commodity fetishism? From a social ontology point of view, we argue that to answer this question we have to distinguish two interpretations: (1) The essentialist interpretation (the fetishism is a phenomenon of surface and secondary from an economical point of view) and (2) The constructivist interpretation (the fetishism is fundamental to understand the commodity system from an ontological point of view). This distinction allows to light "in a positive way" the Marxian notion of critique, in the sense where he develops a "Critique of the political economy".

Mots clefs : Marx, valeur, marchandise, fétichisme, essentialisme, constructivisme

Keywords: Marx, value, commodity, fetishism, essentialism, constructivism.

JEL classification: B14, B40, B51

---

1. CLERSE (Centre lillois d'études et de recherches sociologiques et économiques – UMR 8019 CNRS). Université de Lille 1 sciences et technologies, 59655 Villeneuve-d'Ascq cedex.
Bureau 109 – Bât. SH2 / 03 20 43 45 90 / Richard.sobel@univ-lille1.fr
Je remercie les rapporteurs anonymes pour leurs remarques, commentaires et critiques qui m'ont permis d'améliorer la première version de ce texte. Je reste bien sûr seul responsable des lacunes et limites qui pourraient subsister.

> « *Si l'interprétation ne peut jamais s'achever, c'est tout simplement qu'il n'y a rien à interpréter. Il n'y a rien d'absolument premier à interpréter, car au fond tout est déjà interprétation, chaque signe est en lui-même non pas la chose qui s'offre à l'interprétation, mais l'interprétation d'autres signes.* »
>
> [Foucault, 1967, p. 189]

Quel statut épistémologique peut-on donner à la théorie du fétichisme de la marchandise dans l'œuvre de Marx ? Bien que, formellement, cette théorie ne soit esquissée que sur quelques pages à la fin du chapitre 1 du Livre 1 du *Capital,* on peut dire qu'elle « pèse » symboliquement bien davantage dans la théorie de Marx et dans les interprétations auxquelles elle a donné lieu dans l'analyse économique marxiste. Certes, en théorie sociale, la question du fétichisme ressortit à une problématique plus large, celle des représentations que mobilisent ou qui font agir les acteurs économiques. La fin du chapitre 1 du Livre 1 du *Capital* en analyse certaines, mais pas toutes, Marx étudiant par exemple les représentations juridiques des échangistes dans le chapitre 2. Généralisant la théorie du fétichisme, le philosophe Evgueni Pasukanis [1970 (1923)] a théorisé le droit en l'envisageant comme partie intégrante d'un rapport de socialisation en tant qu'il fétichise les sociabilités antagoniques qui sont au cœur de la société capitaliste [Vincent, 1970]. Notre perspective sera ici plus restreinte. Nous ne traiterons que de la question du fétichisme des marchandises *stricto sensu*, non pas pour dire que seul ce dernier est constitutif du mode d'être social des phénomènes économiques qu'analyse Marx, mais pour montrer que dès lors qu'on le remet au centre du jeu, il peut nous faire voir quelque chose de fondamental sur ces phénomènes.

Pour ce faire, nous voudrions ici essayer d'éclairer cette question en deux temps : (1) D'abord en proposant une distinction entre deux grands types de lecture possible, selon nous, des quelques pages de Marx sur le fétichisme de la marchandise : ce que nous appelons la lecture essentialiste et la lecture constructiviste de la théorie du fétichisme de la marchandise ; (2) Ensuite en développant les implications radicales de la lecture constructiviste, notamment en ce qui concerne le problème de l'illusion dans l'analyse économique marxiste. L'enjeu n'est pas de déterminer où est le « vrai » Marx à ce sujet, mais d'explorer la tension entre ces deux lectures pour réfléchir sur la notion de critique, Marx revendiquant d'avoir élaboré une critique de l'économie politique. En cela, nous sommes tout à fait d'accord avec ce jugement d'Étienne Balibar à propos de Marx : « *Le texte philosophique porte à l'extrême des contradictions qui* le *dépassent, mais qui ne trouvent nulle part ailleurs une formulation aussi contraignante.* » [Balibar, 1997, p. 133]

Avant de développer cette hypothèse de lecture, quelques mots sur le statut de notre contribution. La distinction que nous proposons est évidemment discutable, tant sur le plan de sa consistance analytique que sur celui de sa pertinence au regard du texte de Marx et de la tradition d'économie marxiste qui s'est développée à partir de lui (ou parfois contre lui). Si nous allons, dans ce qui suit, étayer cette distinction en argumentant sa consistance, sa pertinence ainsi que la formulation de ses termes, il n'en reste pas moins qu'elle n'épuise pas le sens du texte de Marx et n'a pas non plus vocation à classer de façon définitive les interprétations auxquelles a donné lieu ce texte. Plus modestement, notre hypothèse de lecture tente d'affronter le texte de Marx au niveau fondamental de l'ontologie sociale[2], niveau sur lequel fait fond et peut ensuite se déployer toute analyse « économique », suivant des modalités qui lui sont propres et qu'explicite un questionnement épistémologique. C'est précisément parce que la perspective ontologique sur le social ne va pas de soi chez Marx, comme va nous le montrer singulièrement l'analyse de sa théorie du fétichisme de la marchandise, qu'il faut doubler la perspective ontologique d'une épistémologie critique.

Pour formuler le premier terme de notre distinction – ce que nous proposons d'appeler : lecture essentialiste –, nous mobilisons l'opposition philosophique classique entre « essence » (caractérisation première et fondamentale de l'être d'un étant)[3] et « apparence » (caractérisation secondaire et contingente), sans pour autant à ce niveau avoir à trancher sur le mode d'être et la fonction de l'apparence, comme c'est le cas dans l'autre type de lecture (la lecture constructiviste). Pour la lecture essentialiste, qui est dominante au sein de la tradition marxiste [Koakowski, 1985 ; Labica,

2. Par ontologie nous entendons, suivant Aristote, la partie fondamentale de la philosophie qui s'intéresse à la question de l'être en tant qu'être, c'est-à-dire à la question de savoir en quoi consiste « être en général », et non pas « être ceci ou cela », l'être devant ainsi s'appréhender comme irréductible à la simple collection des choses qui sont, à savoir les « étants ». L'ontologie sociale est alors comprise comme une ontologie régionale, comme un questionnement propre au mode d'être de la société, notamment de son organisation, de ses structures, de ses acteurs, de ses fonctions. Comme l'a très bien montré Cornélius Castoriadis [1975], différentes thèses sur la consistance ontologique du social peuvent bien sûr être défendues, Marx comme tous les grands théoriciens de la société mobilisant toujours, plus ou moins explicitement, une ontologie sociale [Castoriadis, 1976].

3. Si nous reprenons la définition de Lalande [1999], « métaphysiquement, par opposition à accident », on appelle essence « ce qui est considéré comme formant le fond de l'être, par opposition aux modifications qui ne l'atteignent que superficiellement ou temporairement » (p. 301). De ce point de vue, l'apparence est inessentielle, et l'opposition essence/apparence mobilise une hiérarchie ontologique.

1985 ; Hussain, 1987], le fétichisme est un dispositif purement imaginaire propre au mode de production capitaliste, mais d'importance secondaire sur le plan de l'ontologie sociale. Ce dispositif n'engage rien de fondamental quant au fonctionnement du système capitaliste en lui-même ; mais, pour ainsi dire, il s'ajoute à ce système et produit, dans la conscience des acteurs mobilisés, une illusion quant aux tenants et aboutissants véritables de son fonctionnement. Au fond, dans cette lecture, la théorie du fétichisme ne concerne que la superstructure et se tient tout entière dans la perspective d'une théorie de l'aliénation des sujets [Amariglio, Callari, 1989 ; Zizek, 1989][4]. Autant dire qu'elle n'engage rien de décisif en ce qui concerne l'objet propre de théorie économique, à savoir l'infrastructure, elle peut même l'obscurcir inutilement. On trouve cette position exprimée radicalement chez Louis Althusser :

> « Si on commence à lire le Livre 1 par son commencement, c'est-à-dire par la section 1, ou bien on ne comprend pas, et on abandonne ; ou bien on croit comprendre, mais c'est encore plus grave car on a de fortes chances d'avoir compris tout autre chose que ce qu'il y a à comprendre. [...] Le Livre 1 contient [des] difficultés théoriques. [...] Par exemple la fameuse théorie du fétichisme de la marchandise et sa généralisation ultérieure. [...] Trace de l'influence hégélienne, et cette fois flagrante et extrêmement dommageable (puisque tous les théoriciens de la réification et de l'aliénation y ont trouvé de quoi fonder leur interprétation idéaliste de la pensée de Marx) : la théorie du fétichisme. »
>
> [Althusser, 1985 (1969), p. 13-22]

Le second terme de notre distinction – ce que nous proposons d'appeler : lecture constructiviste – est quant à lui plus délicat à formuler, tant la notion de constructivisme est ambiguë en épistémologie, en particulier dans les sciences sociales[5]. Dans ce qui suit, nous employons « constructiviste » en

---

4. Dans une perspective à l'époque tout à fait althussérienne, Étienne Balibar [1974, p. 223] formule bien le statut secondaire sur le plan de l'analyse économique du fétichisme : « *La théorie du fétichisme reste donc, encore, dans* Le Capital *une genèse (philosophique) du sujet, comparable à d'autres qu'on peut trouver dans la philosophie classique, mais avec cette variante critique* [...] *; c'est une genèse du sujet en tant que sujet aliéné.* » La pensée d'Étienne Balibar a évolué, et aujourd'hui, pour nous, elle relève davantage de ce que nous appelons interprétation constructiviste (cf. le débat entre Étienne Balibar et Jean-Marie Vincent [1994]). Je remercie l'un des rapporteurs de m'avoir permis de préciser ce point.

5. Derrière la pluralité des écoles et de ses usages [Le Moigne, 1999], ce qu'on appelle constructivisme désigne une posture épistémologique pour laquelle toute réalité n'est connaissable que moyennant des catégories préalables qui la constituent intrinsèquement. En ce sens, notre monde serait toujours pré-construit, filtré par des représentations ou des façons d'agir, lesquelles constituent toujours déjà notre inscription en son sein et conditionnent nos interactions avec lui, qu'elles soient pratiques ou cognitives. Qu'on ne puisse jamais accéder à la réalité en soi est une chose ; mais qu'il n'y ait finalement aucune réalité en soi en est une autre. Ainsi, si tout constructivisme s'oppose au réalisme, on doit malgré tout

opposition à « réaliste ». Dans la lecture essentialiste, l'apparence qualifie et disqualifie le statut ontologique dont relève le fétichisme. L'apparence est certes reconnue comme telle, pouvant même faire l'objet d'une théorisation spécifique ; mais elle n'en demeure pas moins secondaire quant à la détermination du mode d'être fondamental des phénomènes économiques, phénomènes dont la théorisation peut se passer, pour l'essentiel, de la prise en compte de l'apparence, véritable obstacle à l'accès à la réalité des phénomènes. Au contraire, dans la lecture constructiviste, si l'apparence reste le statut ontologique caractérisant le fétichisme, ce mode d'être n'est plus considéré comme secondaire, mais participe – d'une façon qu'il faudra déterminer – directement et en propre au mode d'être fondamental des phénomènes économiques. Dans la lecture « constructiviste », minoritaire au sein de la tradition marxiste, une primauté conceptuelle est donnée à la théorie du fétichisme dans l'édifice marxien d'une théorie générale du capitalisme. Dans cette lecture, il s'agit de problématiser, à travers la notion d'apparence, la forme d'apparition d'un rapport social, en l'occurrence ici un rapport social dans l'ordre économique[6]. Dans l'histoire de l'analyse économique marxiste, on la repère principalement chez Isaac Roubine [2009] et, en France, c'est sans doute le travail précurseur de Jean-Marie Vincent [1973] qui a permis de l'identifier. Cette lecture fait apparaître que la théorie du fétichisme est liée à la théorie marxienne de la valeur de façon intrinsèque et non – pourrait-on dire en forme de boutade – « par-dessus le marché » [De Angelis, 1996]. Les représentations économiques sont totalement immanentes aux formes sociales du capitalisme et loin d'être la simple « superstructure » d'une « infrastructure », elles en sont à la fois la condition et le produit. La *Critique de l'économie politique* rompt avec l'économie politique, non pas simplement sur le plan théorique (Marx proposerait de théoriser différemment le même objet que l'économie politique classique), mais beaucoup plus fondamentalement sur le plan de l'ontologie sociale (Marx élabore un objet radicalement différent). C'est cette lecture « hétérodoxe » de la théorie du fétichisme que nous nous proposons ici d'explorer en contrepoint et en tension avec la lecture essentialiste.

---

distinguer deux formes d'anti-réalisme : d'une part, le constructivisme faible ou modéré ; d'autre part, le constructivisme radical. Comme nous le verrons dans la section 2, nous adoptons ici la première posture.

6. Le mot « apparence » en français est ambigu, et son usage peut faire douter de l'objectivité du phénomène en question. C'est afin de lever toute ambiguïté que nous précisons que, dans ce texte, nous l'employons pour rendre compte de la « forme » problématique d'apparition d'un rapport social. Pour une approche de la question de la « forme » chez Marx – question importante que nous ne pouvons traiter ici –, on pourra se reporter à [Granel, 2001].

Après avoir analysé la structure et les enjeux du texte célèbre du Livre 1 du *Capital* sur le fétichisme (section 1), nous explicitons les deux lectures, essentialiste et constructiviste, cette dernière étant formellement développée à partir d'Isaac Roubine (section 2). En conclusion, nous tirons quelques enseignements pour faire retour sur notre question de départ, le statut de l'illusion dans la théorie économique, et l'éclairer plus largement par une réflexion sur la notion de critique.

1. Capital

1.1. Le texte et son enjeu rhétorique

Que le concept de fétichisme ait pu donner lieu à deux types d'interprétation aussi différents, voilà qui montre bien à quel point cette théorie est ambiguë chez Marx. Pour éclairer cette question, on peut commencer par faire l'hypothèse que cette ambiguïté vient de la façon même dont Marx introduit le concept de fétichisme dans la construction de l'argumentation du *Capital*. *Stricto sensu*, ce terme n'est pas un concept de l'analyse économique, comme ceux que Marx reprend – pour les transformer en les critiquant – de l'économie politique classique, ou comme ceux qu'il forge lui-même pour développer sa propre théorie économique. Le terme se présente comme une analogie mobilisant une notion d'anthropologie, et semble – nous disons semble, car nous verrons que cette distinction ne laisse pas d'être problématique – concerner le problème des apparences au sein d'une société, c'est-à-dire le problème de l'écart entre l'être social et les images par lesquelles les humains le perçoivent.

La théorie du fétichisme de la marchandise est exposée par Marx dans la première section du Livre 1 du *Capital* (IV. – Le caractère fétiche de la marchandise et son secret). Avant cela, on ne trouve chez Marx que des mentions du mot. Il ne fonctionne pas comme concept d'une théorie nouvelle et spécifique, mais, ainsi que le fait remarquer Georges Labica, comme métaphore à visée polémique inscrite dans une problématique anthropologique [Labica, 1983]. Cette problématique est celle de l'aliénation du sujet humain et relève entièrement d'une perspective philosophique d'ordre phénoménologique et herméneutique qu'elle domine dans l'œuvre de jeunesse de Marx [Althusser, 1965 ; Aron, 1970]. La théorie du fétichisme se présente comme une rupture avec cette perspective, et relève d'une problématique structurale. Cela ne signifie pas qu'il n'y ait aucun rapport entre les deux, et notamment, cela ne signifie pas que la théorie du fétichisme ne débouche sur aucune théorie des processus de subjectivation ; nous y reviendrons. Pour l'heure, nous nous contentons de présenter les traits caractéristiques du fétichisme. Nous nous permettons de citer un long extrait du texte de Marx qui contient l'essentiel de la position de Marx.

> « D'où provient donc le caractère énigmatique du produit du travail, dès qu'il revêt la forme d'une marchandise ? Évidemment de cette forme elle-même. Le caractère d'égalité des travaux humains acquiert la forme de valeur des produits du travail ; la mesure des travaux individuels par leur durée acquiert la forme de la grandeur de valeur des produits du travail ; enfin les rapports des producteurs, dans lesquels s'affirment les caractères sociaux de leurs travaux, acquièrent la forme d'un rapport social des produits du travail. Voilà pourquoi ces produits se convertissent en marchandises, c'est-à-dire en choses qui tombent et ne tombent pas sous le sens, ou choses sociales. C'est ainsi que l'impression lumineuse d'un objet sur le nerf optique ne se présente pas comme une excitation subjective du nerf lui-même, mais comme la forme sensible de quelque chose qui existe en dehors de l'œil. Il faut ajouter que dans l'acte de la vision la lumière est réellement projetée d'un objet extérieur sur un autre objet, l'œil ; c'est un rapport physique entre des choses physiques. Mais la forme valeur et le rapport de valeur des produits du travail n'ont absolument rien à faire avec leur nature physique. C'est seulement un rapport social déterminé des hommes entre eux qui revêt ici pour eux la forme fantastique d'un rapport des choses entre elles. Pour trouver une analogie à ce phénomène, il faut la chercher dans la région nuageuse du monde religieux. Là les produits du cerveau humain ont l'aspect d'êtres indépendants, doués de corps particuliers, en communication avec les hommes et entre eux. Il en est de même des produits de la main de l'homme dans le monde marchand. C'est ce qu'on peut nommer le fétichisme attaché aux produits du travail, dès qu'ils se présentent comme des marchandises, fétichisme inséparable de ce mode de production. »
>
> [Marx, 1977, p. 69]

Dans *Le fétichisme. Histoire d'un concept*, A.M. Iacono [1992] consacre l'un de ses chapitres à l'analyse de la structure interne de ce texte et le met en perspective dans l'œuvre de Marx. A.M. Iacono rappelle que, dès 1842, Marx connaît *Le culte des dieux fétiches* de Charles de Brosses[7]. Pour ce

7. Le titre exact est *Du culte des dieux fétiches ou Parallèle de l'ancienne religion de l'Égypte avec la religion actuelle de la Nigritie* (1760, Genève). Ce texte a été réédité chez Fayard en 1988. C'est l'acte de naissance d'un concept pivot d'une théorie générale de la religion des peuples que l'on qualifie de sauvage ou de primitif. Il s'agit d'opérer une classification historiciste des religions « *en plaçant le culte des choses inanimées et des êtres animés au premier stade de la religion, donc en plaçant le fétichisme avant la déification des hommes et l'idolâtrie* ». [Iacono, 1992, p. 43]. « *Cette théorie du fétichisme s'explique par une vision de l'autre organisée dans l'univers culturel et idéologique des hommes occidentaux du XVIII*e *siècle, marqué par la colonisation* » (p. 64).

dernier, le fétichisme est une forme de croyance religieuse suivant laquelle des qualités divines sont attribuées aux choses inanimées ou aux animaux. Ces choses ou ces animaux sont bel et bien considérés comme des dieux, et non pas comme des processus de représentation ou de symbolisation de dieux invisibles, lesquels feraient l'objet d'une représentation pleinement réfléchie dans la tête d'humains distinguant le représentant du représenté. On trouve une référence à de Brosses dans le célèbre article de la *Gazette rhénane* que Marx consacre aux vols de bois [Bellue, 1985 ; Bensaïd, 2007]. Faisant référence à l'histoire des « sauvages » de Cuba, relatée par de Brosses, qui, pensant que l'or était pour les Espagnols un fétiche, l'avaient jeté à la mer, Marx souligne ceci : « *Les sauvages de Cuba, s'ils avaient assisté à cette séance des États provinciaux de Rhénanie n'auraient-ils pas tenu le bois pour le fétiche des Rhénans ? Mais une prochaine séance les aurait instruits de ce que le fétichisme est lié à la zoolâtrie et les sauvages de Cuba auraient jeté à la mer les lièvres pour sauver les hommes*[8]. » Ce qui nous intéresse ici, ce n'est pas la pertinence de l'emprunt anthropologique [Graeber, 2001], c'est davantage l'usage par Marx d'une figure rhétorique, à savoir le décentrement de l'univers culturel de l'observateur par rapport à l'univers culturel des individus observés, figure rhétorique souvent mobilisée, comme dans *Les lettres persanes* de Montesquieu. En regardant ses contemporains avec les yeux des « sauvages » cubains, il s'agit de produire un décalage et, par là même, un effet de relativisation, en inversant la démarche habituelle qui est occidentalocentrée et en proposant ainsi une critique « radicale » (de « *radix* », la racine) de son propre monde désormais transi d'une inquiétante étrangeté. Mais, à ce niveau, un problème fondamental d'épistémologie des sciences sociales apparaît :

> « Comment est-il possible d'observer la conscience d'une société de l'intérieur, si les idéologies, qui sont elles-mêmes des produits de la société, apparaissent comme des projections cristallisées, des miroirs déformants, des images extériorisées et autonomisées de ce que les hommes – et donc les observateurs – pensent d'eux-mêmes ? Au sein du marxisme, plusieurs réponses ont été données à cette question ; depuis l'idée du "point de vue de classe" jusqu'à celle de l'idéologie "juste" ; depuis la science (opposée à l'idéologie) jusqu'à l'économie et aux rapports économiques en tant que "vérités" des idéologies. Il s'agit de réponses qui dépendent de la prétention de l'observateur interne à trouver un lieu neutre. »
>
> [Iacono, 1992, p. 82]

8. Cité par Iacomo. L'article de Marx, « Débats sur la loi relative au vol de bois », est paru en plusieurs livraisons dans la *Rheinische Zeitung* (*La Gazette rhénane*), entre le 25 octobre et le 3 novembre 1842.

Cette question constitue le « paradoxe de Mannheim ». Dans *Idéologie et utopie* [1922], ce sociologue allemand remarque que tout sujet humain entretient un rapport problématique avec le réel, via le rôle de distorsion aliénante que joue l'imagination comme faculté de son esprit, et qui fonctionne toujours déjà au sein d'une société donnée à un moment donné de son histoire. Paul Ricœur [1985] dans son commentaire de Mannheim reformule dans toute la radicalité le vertige auquel il conduit. Pour Ricœur, si tout ce que nous disons est biaisé, si tout ce que nous disons représente des intérêts que nous ne connaissons pas, comment avoir une théorie de l'idéologie qui ne soit pas elle-même idéologique ? Ce problème, nous le laissons en suspens pour le reprendre plus tard à partir de ce que la lecture constructiviste de la théorie du fétichisme de la marchandise nous aura permis de comprendre. Pour l'heure, il nous reste encore à décrire plus précisément le fétichisme en tant qu'élément constitutif de la structure de la marchandise.

1.2. Le fétichisme comme élément constitutif de la structure de la marchandise

Dans le texte sur le fétichisme, Marx présente la marchandise comme une forme économique qui se dédouble et qui, ainsi, affecte profondément son contenu[9]. Ce dédoublement, en effet, masque le caractère social du travail humain qui concourt à la production de la marchandise. Ce dédoublement vient de ce que, dans le mode de production marchand, le travail humain est double, à la fois travail-abstrait et travail-concret. D'une part, la marchandise est une « chose sensible » ; elle a une valeur d'usage, laquelle est le produit d'un travail concret. D'autre part, la marchandise est une « chose supra sensible » ; elle a une valeur d'échange et le travail abstrait est constitutif de cette valeur d'échange. Ce dédoublement conduit à une inversion : la valeur des marchandises semble venir d'elles-mêmes et non plus du travail humain. Ce qu'il faut bien comprendre, c'est que l'inversion que décrit Marx

9. Rappelons rapidement ce que Marx entend par marchandise. Produit d'un travail privé validé sur un marché pour devenir social, toute marchandise, bien ou service, se présente comme l'unité objective d'une valeur d'usage (qui représente son caractère utile pour quelqu'un) et d'une valeur d'échange (qui se fonde sur la quantité de travail abstrait moyen socialement nécessaire à sa production à un moment donné du fonctionnement de l'économie, c'est-à-dire ce que Marx appelle la valeur de la marchandise). La valeur d'usage est le support concret de la valeur d'échange, mais ne la détermine ni sur le plan de sa substance (le travail général) ni sur le plan de sa grandeur (temps de travail). Un acheteur acquiert une marchandise pour sa valeur d'usage mais en réglant au vendeur, en équivalent général (représenté par l'argent), le montant de sa valeur d'échange. Les marchandises sont incommensurables entre elles du point de vue de leur valeur d'usage, mais entrent dans des relations d'équivalence sur le plan de leur valeur d'échange, puisque toutes participent d'un fond commun, la valeur-travail.

est fondamentalement d'ordre structural et ne coïncide pas simplement avec une aliénation qui aurait lieu dans la conscience du sujet, faisant fonctionner les structures économiques auxquelles il prend part.

Dans le mode de production capitaliste, les choses deviennent sociales en tant que marchandises, c'est-à-dire en tant que travail abstrait cristallisé dans ces choses. Au sens propre, les marchandises incorporent les rapports sociaux et en deviennent comme le miroir. Se met ainsi en place le face-à-face suivant : d'une part, les choses-en-tant-que-produits-du travail-humain-social, et d'autre part, les sujets-humains-producteurs-de-marchandises. Il ne s'agit pas de choses particulières face à des individus particuliers existant d'abord en eux-mêmes indépendamment, mais bel et bien d'une structure sociale se dédoublant-se réfractant dans les deux entités que sont, d'un côté, le Sujet et, de l'autre côté, l'Objet [Bloch, 1977] et qui, après coup et de façon illusoire, semblent exister par elles-mêmes. Au cœur de cette diffraction, l'argent comme équivalent général joue ici un rôle structurant, comme le remarque Étienne Balibar :

> « La présence de l'argent en face des marchandises, comme condition de leur circulation, ajoute un élément au fétichisme, et permet de comprendre l'usage de ce terme. Si les marchandises (nourritures, vêtements, machines, matières premières, objets de luxe, biens culturels, voire corps des prostitué(e)s, bref tout le monde des objets humains produits ou consommés) semblent avoir une valeur d'échange, l'argent de son côté semble être la valeur d'échange elle-même, et du même coup posséder ce pouvoir de communiquer aux marchandises qui "entrent en rapport avec lui" cette vertu ou cette puissance qui le caractérise. » [Balibar, 1993, p. 58-59]

L'expérience des producteurs-échangistes sur le marché présente deux aspects. Les mouvements de marchandises sont d'une part l'effet d'une puissance « surnaturelle », l'argent qui s'incarne dans chaque marchandise , lesquelles sont de ce point de vue des choses suprasensibles, « choses qui ne tombent pas sous le sens » ; mais d'autre part comme un rapport « naturel » des choses entre elles, qui sont ainsi des « choses sensibles », « des choses qui tombent sous les sens », qui sont donc préhensibles mais qui sont extérieures aux individus, parce que leur valeur semble relever de ces rapports et que ces rapports échappent aux individus.

Le fait que Marx associe le caractère anthropologique de « fétiche » à ce processus indique bien que, pour lui, cette modification occulte fondamentalement quelque chose : les individus producteurs, dont l'interaction produit cette symbolisation, ne voient pas cette activité qui est pourtant la leur. On l'a souligné, le fétichisme désigne l'absence de ce moment de réflexivité et d'auto-observation. Il ne s'agit plus d'attribuer des propriétés divines à des choses humaines (société « primitive ») ; il s'agit désormais d'attribuer des propriétés naturelles à des choses sociales (société marchande). Comme le dit clairement le texte de Marx, les marchandises à la fois « sont » et « ne sont pas » des choses sensibles ; ce sont des choses sensibles-suprasensibles.

> « Le double caractère social des travaux privés ne se réfléchit dans le cerveau des producteurs que sous la forme que leur imprime le commerce pratique, l'échange de produits. Lorsque les producteurs mettent en présence et en rapport les produits de leur travail à titre de valeurs, ce n'est pas qu'ils voient en eux une simple enveloppe sous laquelle est caché un travail humain identique ; tout au contraire, en réputant égaux dans l'échange leurs produits différents, ils établissent par le fait que leurs différents travaux sont égaux. Ils le font sans le savoir. La valeur ne porte pas écrit sur le front ce qu'elle est. Elle fait bien plutôt de chaque produit du travail un hiéroglyphe. Ce n'est qu'avec le temps que l'homme cherche à déchiffrer le sens du hiéroglyphe, à pénétrer le sens de l'œuvre sociale à laquelle il contribue, et la transformation des objets utiles en valeurs est un produit de la société, tout aussi bien que le langage. »
>
> [Marx, 1977, p. 70]

1.3. D'où vient le point de vue critique de Marx sur le fétichisme ?

Reste ainsi toujours la question que nous soulevions tout à l'heure : d'où vient le point de vue « critique » de Marx, capable lui de déchiffrer des hiéroglyphes ? Il est celui d'un théoricien qui, pour dénaturaliser son objet de recherche, s'adosse à l'historicité intrinsèque de cet objet.

> « Les catégories de l'économie bourgeoise sont des formes de l'intellect qui ont une vérité objective, en tant qu'elle reflètent des rapports sociaux réels, mais ces rapports n'appartiennent qu'à cette époque historique déterminée, où la production marchande est le mode de production social. Si donc nous envisageons d'autres formes de production, nous verrons disparaître aussitôt tout ce mysticisme qui obscurcit les produits du travail dans la période actuelle. »
>
> [Marx, 1977, p. 72]

Sont ainsi mobilisés par Marx les modes de production dans lesquels les rapports sociaux de production, à la différence du mode de production capitaliste et de l'opacité de la forme marchande des produits du travail qui en est au cœur, ne sont pas « déguisés », mais transparents, simples, directs, personnalisés[10]. Ces modèles sont de deux natures. D'une part, Marx mobilise deux modèles de nature historique – le modèle féodal et le modèle domestique-patriarcal –, modèles dans lesquels les rapports de production sont déterminés par des relations personnelles de dépendance données préalablement et indépendamment des relations économiques. Insistons : il s'agit de rapports sociaux (au niveau de la structure), qui précisément se présentent comme des rapports personnels (au niveau de la façon dont ces rapports existent concrètement et sont perçus par les humains qui les vivent) ! D'autre part, Marx mobilise deux modèles de nature fictive – le personnage du roman de Defoe (Robinson Crusoé) seul sur son île et la réunion d'hommes libres de l'utopie communiste –, modèles dans lesquels il n'y a pas de rapports personnels de dépendance et où l'activité de travail peut se vivre librement dans un rapport direct aux choses et/ou aux autres (que ce soit individuellement – Robinson – ou collectivement – communisme).

Quelles que soient leurs différences, le point commun de ces quatre modèles est qu'ils ne transforment pas des rapports entre hommes en rapports entre des choses. L'enjeu pour nous ici n'est pas de discuter la pertinence en soi de ces modèles, et encore moins de discuter l'exactitude des deux modèles historiques[11]. L'enjeu est de bien comprendre comment ils fonctionnent dans l'argumentation de Marx. En les mobilisant en contrepoint, Marx ne veut pas dire que dans les sociétés historiques fondées sur des rapports de dépendance, il n'y a pas d'illusion : celle-ci est basée sur d'autres mécanismes de naturalisation, qui ne sont pas propres au fonctionnement de l'ordre économique, mais relèvent d'autres sous-champs sociaux (comme le champ politique ou le champ religieux). Pour autant, est-ce que les rapports sociaux, quand bien même ils ne seraient pas fondés sur la dépendance, peuvent se réduire à la simple relation directe, consciente et maîtrisée entre des individus ? Marx semble le laisser penser. Sa perspective historique n'est pas un relativisme, mais fait fond sur un point fixe, la société communiste qui, loin de n'être qu'une norme politique pour éclairer une

10. Dans son interprétation de Marx, Moishe Postone a particulièrement insisté sur ce point : « Le travail a bien sûr un caractère social dans toutes les formations sociales, mais [...] ce caractère ne peut être saisi adéquatement qu'en termes de travail "immédiat" ou "médiat". Dans les sociétés non capitalistes, les activités de travail sont sociales en raison de la matrice de rapports sociaux non déguisés dans laquelle elles s'inscrivent. Cette matrice est le principe constituant de ces sociétés ; les divers travaux y acquièrent leur caractère social à travers ses rapports sociaux. Du point de vue de la société capitaliste, on peut décrire les rapports dans les sociétés précapitalistes comme personnels, ouvertement sociaux et qualitativement particuliers (différenciés selon le groupe social, le rang social, etc.) » [Postone, 2009, p. 225]

11. Sur ce point, la littérature – interne ou externe au marxisme – est considérable ; pour une première entrée : [Guerreau, 1985) ; Abeles, 1985].

perspective d'émancipation [Kail, 1996], fonctionne aussi comme norme épistémologique, pour éclairer une perspective théorique de dénaturalisation, les deux normes étant bien sûr liées :

> « En général, le reflet religieux du monde réel ne pourra disparaître que lorsque les conditions du travail et de la vie pratique présenteront à l'homme des rapports transparents et rationnels avec ses semblables et avec la nature. La vie sociale, dont la production matérielle et les rapports qu'elle implique forment la base, ne sera dégagée du nuage mystique qui en voile l'aspect que le jour où s'y manifestera l'œuvre d'hommes librement associés, agissant consciemment et maîtres de leur propre mouvement social. Mais cela exige dans la société un ensemble de conditions d'existence matérielle qui ne peuvent être elles-mêmes que le produit d'un long et douloureux développement. »
>
> [Marx, 1977, p. 74]

Nous reviendrons en conclusion sur le statut épistémologique de la société communiste chez Marx, solution chez lui au paradoxe de Mannheim sur l'idéologie que nous signalions précédemment. Pour l'heure, il nous faut continuer à explorer cette ontologie sociale propre aux hiéroglyphes marchands qui est au centre de la théorie du fétichisme. On peut en faire deux lectures, une lecture que nous proposons d'appeler « essentialiste » et une lecture que nous proposons d'appeler « constructiviste ». C'est l'objet de la section 2.

2. Roubine ou la nécessité de l'apparence

De ce qui précède, il ressort que cette exploration consiste à déterminer le statut de l'apparence dans l'ontologie sociale de Marx. Sauf à croire que l'œuvre de Marx est parfaitement homogène, ce statut ne laisse pas d'être problématique. Notre contribution, pour le clarifier, va consister à préciser l'opposition, que nous énoncions en introduction, entre, d'une part, interprétation essentialiste (l'apparence est reconnue, mais demeure secondaire dans la détermination du mode d'être social des phénomènes économiques) et, d'autre part, interprétation constructiviste (l'apparence est reconnue et qualifie la spécificité du mode d'être social des phénomènes économiques). Si le repérage de cette dernière doit beaucoup aux travaux du philosophe marxiste hétérodoxe Jean-Marie Vincent[12], c'est à l'explicitation

12. Pour lui, l'apport central de Marx est de montrer « comment cette illusion est nécessaire et tout à fait conforme à l'isolement social que produit la socialisation capitaliste. Les individus-monades qui ne se sentent liés entre eux que par une dialectique de la domination, de la servitude et de la reconnaissance sont portés à naturaliser les rapports qui les enserrent et en même temps à subjectiviser les conditions

de la reformulation, par l'économiste Roubine, de la théorie de la valeur travail que nous centrerons ici notre contribution d'épistémologie économique critique.

2.1. L'interprétation essentialiste, une prise en compte de l'apparence comme secondaire

Dans « l'interprétation essentialiste », il s'agit, une fois le fétichisme qualifié d'illusion, de ramener ce phénomène de surface à quelque chose de plus profond, de plus fondamental, à ce qui est déformé et à ce qui cause cette déformation. Dans cette perspective, l'économiste enquête à la recherche d'une cause réelle qui est masquée et dont l'effet est déformé. On pourrait même croire qu'il s'agit là précisément de ce que l'on repère chez Marx lorsqu'il dit qu'il développe une critique de l'économie politique. L'économie politique (Smith, Ricardo) – que Marx admire –, à la différence de l' « économie vulgaire » – que Marx exècre –, a construit le projet d'une science de l'économie précisément en allant chercher derrière les phénomènes apparents des pratiques économiques et les représentations spontanées des agents, des explications : exemple, derrière les fluctuations du prix des marchandises, il y a la loi de la valeur-travail. Par rapport aux économistes vulgaires qui ne produisent qu'idéologie, Marx et les classiques partageraient une même volonté de développer une démarche scientifique, à ceci près – mais secondaire – que les classiques n'auraient fait qu'un bout du chemin dans l'élaboration d'une science sociale. Tandis que Ricardo est à la recherche de l'étalon invariable de la valeur (théorie objective de la valeur-travail incorporé), Marx ne cherche pas une nature atemporelle de la valeur, mais cherche à caractériser la valeur comme spécification de l'activité productive sous le capitalisme, c'est-à-dire comme la forme-valeur de produits du travail. La différence entre Marx et les classiques serait celle-ci : les classiques n'auraient pas historicisé suffisamment leur explication, et notamment auraient naturalisé les causes des phénomènes économiques

sociales et matérielles de leur pratique individuelle. En aucun cas, ils ne contrôlent leur pratique sociale, c'est-à-dire la production de leur propre vie, que ce soit sur le plan matériel ou sur le plan intellectuel. Tout comme les rapports de production s'élèvent au-dessus des hommes comme une puissance qui leur est étrangère, les cristallisations intellectuelles qui donnent leur forme aux pratiques sociales rendues nécessaires par ces rapports de production se détachent de ceux qui les créent et s'opposent à eux. Il s'agit de ce que Marx appelle des formes intellectuelles objectives, objectives parce qu'elles sont produites socialement et sans conscience et non parce qu'elles seraient un produit "naturel" de l'esprit confronté à des conditions purement naturelles. La forme valeur, la forme marchandise qui s'imposent comme des données simples et indépassables, occultent en réalité des rapports sociaux en se présentant comme la traduction catégoriale de rapports utilitaires entre les hommes et les choses. » [Vincent, 1973, p.18]

étudiés. De ce point de vue, Marx aurait historicisé la théorie ricardienne de la valeur-travail [De Vroey, 1985 ; Lapidus, 1986]. Ce point étant acquis, le fétichisme ne peut relever que d'une théorie secondaire, ayant trait aux formes d'illusion-méconnaissance de la conscience des agents, mais n'occupe pas une place fondamentale dans le champ de l'analyse économique *stricto sensu.*

Dans l'interprétation essentialiste, le fétichisme de la marchandise, c'est la branche de la théorie de l'idéologie[13] qui s'occupe de l'idéologie des producteurs-marchands. C'est du reste cohérent avec le type de problématisation de l'illusion que proposent Marx et Engels dans *L'idéologie allemande* [1982] et que Marx précise dans *Contribution à la critique de l'économie politique* [1963] :

> « Dans la production sociale de leur existence, les hommes nouent des rapports déterminés, nécessaires, indépendants de leur volonté ; ces rapports de production correspondent à un degré donné du développement de leurs forces productives matérielles. L'ensemble de ces rapports forme la structure économique de la société, la fondation réelle sur laquelle s'élève un édifice juridique et politique, et à quoi répondent des formes déterminées de la conscience sociale. Le mode de production de la vie matérielle domine en général le développement de la vie sociale, politique et intellectuelle. Ce n'est pas la conscience des hommes qui détermine leur existence, c'est au contraire leur existence sociale qui détermine leur conscience. »
>
> [Marx, 1859, 1963, p. 272-273]

Les illusions s'y présentent comme des idéalités qui dominent de l'extérieur la « vie réelle », ces idéalités fonctionnant comme des superstructures exprimant les intérêts matériels inscrits fondamentalement dans les infrastructures (économiques) et seuls déterminants en dernière instance. On se trouve clairement dans une problématique en termes d'aliénation, puisque ces illusions sont des produits détournés de leurs auteurs et qui finissent par les dominer comme s'ils étaient « autres » que les producteurs qui en sont pourtant à l'origine [Haber, 2007, p. 58-97]. Or, à proprement parler et si l'on lit bien le texte de Marx, il n'y a rien de tout cela dans la théorie

13. L'idéologie n'est donc pas d'abord une notion d'ordre économique, mais une pièce maîtresse de la théorie sociale de Marx en tant que théorie critique. Marx (avec Engels) construit une théorie générale de l'idéologie dans *L'idéologie allemande* (1845), publication posthume. Dans le monde social-historique, les fonctions de l'idéologie sont (1) la description-distorsion d'une réalité sociale pour les humains qui la vivent et (2) la reproduction-légitimation d'un certain ordre des choses caractéristique de cette réalité sociale pour les humains qui le subissent [Ricœur, 1985]. Il reste malgré tout un certain « économisme » chez Marx : même si c'est en dernière instance, ce qui se passe dans l'ordre économique est toujours déterminant dans le monde social-historique.

du fétichisme, les représentations y sont présentées comme totalement immanentes aux structures socio-économiques du capitalisme. Il ne s'agit pas d'une simple efficace symbolique liée à la représentation des agents. Il s'agit de quelque chose de différent.

Résumons l'étape à laquelle nous sommes parvenus. Pour cette interprétation « essentialiste », *L'économie politique* ne fait qu'une partie du chemin. L'économie politique classique essaye de rendre compte des structures économiques, mais n'intègre pas le moment imaginaire nécessaire à la compréhension complète de leurs tenants et de leurs aboutissants. La théorie de Marx, en particulier sa théorie du fétichisme, y parvient. Pour autant, force est de reconnaître que ce moment imaginaire reste secondaire sur le plan ontologique, comme une sorte d'enveloppe sur un noyau dur de structures qui, quant à elles, restent bien « réelles ». Selon nous, l'interprétation essentialiste, pour historiciste qu'elle prétende être, envisage malgré tout la spécificité de la réalité sociale à partir du dualisme ontologique entre « idéel » et « matériel ». L'enjeu ici n'est pas de contester la pertinence de ce dualisme ; c'est une thèse philosophique tout à fait légitime. L'enjeu est de la caractériser comme telle et, sur la base de cette explicitation, de bien identifier la spécificité de l'autre interprétation de la théorie du fétichisme, celle que nous appelons l'interprétation constructiviste, et qui se construit précisément, comme nous allons le voir, sur la contestation de ce dualisme.

2.2. L'interprétation constructiviste, un dépassement de l'opposition matériel/idéel

Dans ce qui suit, nous allons essayer de préciser ce que nous avons proposé d'appeler « interprétation constructiviste » de la théorie du fétichisme de la marchandise. Jusqu'à présent nous ne l'avons définie qu'en creux, par contraste. Beaucoup moins présente dans la tradition d'analyse économique marxiste que l'interprétation essentialiste[14], cette interprétation nous est donc

14. Même si notre perspective se veut analytique et non historique, quelques précisions s'imposent quant à la réception de Roubine en France. Dans son analyse des discussions autour de la théorie de la valeur de Marx dans les années 1960-1970, Antoine Artous [2009] décrit un clivage entre un camp « orthodoxe » (en France, dominé par Louis Althusser et les althussériens) et un camp « hétérodoxe », beaucoup moins homogène et constitué de figures singulières (par exemple, Henri Lefebvre, Nikos Poulantzas, François Chatelet, Pierre Naville, Lucien Goldman). Mais leurs critiques, pour historicistes qu'elles puissent être chacune à leur manière, ne prennent pas en compte l'épaisseur de la question du fétichisme. Seul le courant « Critique de l'économie politique » (du nom d'une collection et d'une revue publiés chez Maspero, et dont les membres sont notamment Pierre Salama, Jacques Vallier, puis Bruno Théret, Bruno Lautier, Ramon Tortajada) développera dans les années 1970 un marxisme articulant théorie de la valeur et théorie du fétichisme autour du concept de travail abstrait. Le livre de Roubine sera publié en 1977 dans cette collection.

moins familière. Elle ne consiste pas en une simple divergence circonscrite à un compartiment particulier de la théorie de Marx, mais elle engage une relecture globale de cette théorie à partir de ce point d'entrée qu'est la théorie du fétichisme.

Comme l'ont fait remarquer de nombreux commentateurs[15], Roubine représente la première figure et sans doute la figure la plus complète de cette interprétation « constructiviste »[16]. Le point de départ est le suivant : Marx ne se contente pas simplement d'historiciser les catégories d'analyse mises en œuvre par l'économie politique classique, il construit sa théorie à partir d'une rupture épistémologique radicale. Les formes de pensée ont une objectivité sociale et un rapport social n'existe jamais sans que l'accompagnent intimement des représentations. Il ne s'agit pas d'un simple revêtement superficiel, une couche d'illusion qu'il suffirait de gratter pour accéder à la vérité, mais d'une part essentielle de leur consistance. La dimension imaginaire du social n'est pas une dimension séparable de sa dimension réelle. Un siècle plus tard, dans le prolongement des grands auteurs fondateurs des sciences sociales en général [Tarot, 1999], Maurice Godelier [1984] énoncera une thèse sur la spécificité du mode d'être de la société, qui n'est ni pure réalité matérielle (infrastructure) ni réalité purement idéelle (superstructure). Sans développer pour elle-même la position de Maurice Godelier, qu'il suffise ici d'en citer deux extraits synthétiques et éclairants :

> « [...] tout rapport social, quel qu'il soit, inclut une part idéelle, une part de pensée, de représentation ; ces représentations ne sont pas seulement la forme que revêt ce rapport pour la conscience, mais font partie de son contenu. Il ne faut pas confondre idéelle avec idéale ou imaginaire : toutes les représentations ne viennent pas rendre présentes à la conscience, comme après-coup, des réalités qui seraient nées avant elles, hors d'elles et sans elles. Loin d'être une instance séparée des rapports sociaux, d'être leur apparence, leur reflet déformé-déformant dans la conscience sociale, elles sont une part des rapports sociaux dès que ceux-ci commencent à se former et elles sont des conditions de leur formation. Mais s'il y a de l'idéel dans tout réel social, tout n'est pas idéel dans ce réel. »
>
> [Godelier, 1984, p. 171-172]

15. Notamment, sans ambition d'exhaustivité et pour n'en rester qu'au champ interprétatif français : [De Vroey, 1985] ; [Artous, 2003]; [Hai Hac, 2003].

16. Dans son ouvrage, Roubine parle à plusieurs reprises, pour expliciter sa position, de conception « sociologique » de la théorie de la valeur (pour l'opposer à la conception économique telle qu'il la trouve dans le marxisme orthodoxe); nous préférons le terme de constructiviste, plus en phase avec la terminologie des débats épistémologiques de notre époque.

> « Au cœur de la partie la plus matérielle de l'infrastructure des sociétés, au cœur des forces productives dont elles disposent pour agir, sur la nature, nous découvrons une partie idéelle (connaissances ou représentations abstraites de toute sorte prolongées par des savoir-faire qui sont en même temps des savoirs du corps). Cette part idéelle constitue en quelque sorte l'armature, le schème organisateur interne de leur "mise en action". »
>
> [Godelier, 1984, p. 181]

L'enjeu est bel et bien ontologique, au sens où il s'agit de penser le mode d'être spécifique des étants sociaux, sans le ramener à un autre mode d'être. Sous cette perspective, on peut considérer que le fétichisme chez Marx constitue le mode d'existence des rapports sociaux du capitalisme. C'est la raison pour laquelle le texte sur le fétichisme est écrit, comme nous l'avons fait remarquer, du point de vue du fonctionnement de la structure, et non du point de vue des acteurs. Il ne s'agit pas de décrire l'aliénation qui accompagnerait l'ouvrier lorsqu'il s'extériorise dans son travail et que ce dernier lui devient autre (problématique sur laquelle sont clairement centrés *Les manuscrits de 1844* et, dans une certaine mesure également, *L'idéologie allemande*) ; il s'agit de prendre le point de vue d'ensemble sur l'organisation du travail social dans et sous le capitalisme. Le fétichisme ne consiste pas en un processus général de chosification des rapports des hommes entre eux, processus qui serait conçu en dehors de toute spécification des rapports sociaux dans lesquels ces relations intersubjectives prendraient place. Sur ce point, nous rejoignons volontiers Moishe Postone [2009]. Certes, Postone ne relève pas de la même tradition conceptuelle que Roubine sur le plan de l'analyse économique marxiste[17], mais la posture d'épistémologie critique est similaire. Pour lui, Marx, dans *Le capital*, ne construit pas des concepts généraux – ahistoriques et, naturalisant –, mais des concepts adaptés au monde social-historique qu'il essaie de comprendre dans sa spécificité et dont il cherche à produire une connaissance de cette spécificité.

> « Les catégories fondamentales [valeur, travail abstrait, marchandise et capital] sont pour ainsi dire les catégories d'une ethnographie critique de la société capitaliste, faite de l'intérieur : des catégories censées exprimer les formes fondamentales d'objectivité et de subjectivité sociales

17. Roubine place le rapport marchand au cœur de l'analyse économique du capitalisme : il constitue la médiation essentielle à travers laquelle s'opère la socialisation du travail privé. Au contraire, Postone ne fait pas des rapports marchands une condition d'existence du mode de production capitaliste, le travail « abstrait » étant traité comme une forme sociale qui n'est pas liée à l'échange de marchandises, mais à la seule organisation du procès de production capitaliste. À ce niveau, il peut être intéressant de souligner que Marx fait référence à un fétichisme qui concerne le processus de production dans ce qu'il appelle la « subsomption réelle » du travail au capital [Marx, 1974, p.456]. Postone n'analyse pas cette dimension du mode d'être du capitalisme.

> qui structurent les dimensions sociales, économiques, historiques et culturelles de la vie dans cette société, et qui sont elles-mêmes constituées par des formes déterminées de pratique sociale. Très souvent, cependant, ces catégories de la critique de Marx ont été prises pour des catégories purement économiques [...] Or, la profondeur et la nature systématique de la théorie critique de Marx ne peuvent être saisies que par une analyse des catégories comprises en tant que détermination de l'être social sous le capitalisme. »
>
> [Postone, 2009, p. 36-37]

Cet historicisme est sans doute parfois problématique à saisir chez Marx, tant sa pensée peut être hétérogène, d'une œuvre à l'autre et à l'intérieur même d'une œuvre parfois. Par rapport à la distinction que nous élaborons dans cet article, cela peut donner lieu au mélange entre une posture « essentialiste » et une posture » constructiviste ». Sans doute est-ce Roubine[18] qui est allé le plus loin dans l'affirmation du caractère fondamental du fétichisme dans la théorie de la valeur au sens où cette théorie est au cœur de l'analyse du lien social dans les sociétés capitalistes.

> « Certains auteurs n'admettent pas la théorie du fétichisme dans le champ de l'économie politique. Ils la considèrent comme une brillante généralisation sociologique, une théorie et une critique de toute la culture contemporaine fondée sur la réification des rapports humains [...]. Mais les partisans du marxisme, aussi bien que ses adversaires, ont surtout considéré la théorie du fétichisme comme une entité séparée et indépendante, que seul un lien ténu rattachait à la théorie économique de Marx. Ils l'ont présentée comme un supplément à la théorie de la valeur, comme une intéressante digression littéraire et culturelle qui accompagne le texte fondamental de Marx. L'une des causes de cette interprétation vient de Marx lui-même, de la structure formelle qu'il a donnée au premier chapitre du Capital, où la théorie du fétichisme figure sous un titre à part. Cette structure formelle ne correspond cependant pas à la structure interne et à l'articulation des idées de Marx. La théorie du fétichisme est, per se, la base de tout le système économique de Marx, et en particulier de sa théorie de la valeur. »
>
> [Roubine, 2009, p. 36]

Comme nous l'avons précisé dès l'introduction, notre contribution produit une distinction d'ontologie sociale qui se prolonge en une

18. Notamment dans son ouvrage : *Essais sur la théorie de la valeur de Marx.* Publié en URSS en 1928, ce livre a fait l'objet d'une interdiction dans les années 1930 (son auteur ayant été victime de la répression stalinienne). L'ouvrage a été traduit en anglais en 1972, et c'est cette traduction qui a servi de base à la traduction française, chez Maspéro en 1977, traduction reprise dans l'édition de chez Syllepse que nous présentons ici. Pour une analyse précise de Roubine en termes d'histoire de la pensée, voir [Takenaga, 2007].

perspective d'épistémologie critique sur le statut de la théorie du fétichisme de la marchandise dans l'analyse économique marxiste. Dans ce qui suit, il ne s'agit pas de développer la théorie de Roubine pour elle-même ; ni même d'examiner les prolongements contemporains auxquels elle a pu donner lieu, notamment dans le champ de la théorie hétérodoxe de la valeur [De Vroey, 1984 ; 1985 ; Orléan, 2011][19]. Il s'agit d'illustrer, à travers l'exemple de Roubine, l'interprétation constructiviste de la théorie du fétichisme de la marchandise.

2.3. La réintégration du fétichisme au cœur de la théorie de la valeur

La valeur n'est pas une substance en soi, mais l'effet d'un rapport social entre choses sociales. La théorie marxienne de la valeur n'est pas une théorie de la valeur-travail, mais une théorie (« sociologique », dira Roubine) de la forme-valeur des produits du travail. Dans la perspective dans laquelle se place l'interprétation de Roubine, le concept de travail-abstrait est central [Vincent, 1977]. Ce n'est pas une catégorie purement « idéelle » (un produit de la pensée), ce n'est pas une catégorie historico-descriptive (la mécanisation du travail concret dans les processus productifs du capitalisme industriel) et ce n'est pas non plus une catégorie physiologique (hypostase du fait « anthropologique » qu'en tout travail il y a une dépense d'énergie musculaire). C'est au contraire fondamentalement une procédure sociale : l'existence de rapports marchands généralisés à travers lesquels se réalisent l'égalisation de différents travaux, laquelle opère elle-même à l'aide d'un équivalent général – la monnaie – qui objective le travail-abstrait et valide le travail-privé comme travail social [De Vroey, 1984 ; Faccarello, 1981 ; 1982 ; Maunoury, 1984]. C'est l'échange et l'égalisation des produits du travail sur le marché qui créent un lien social entre les producteurs marchands et qui, de période en période, unifient l'activité de travail d'ensemble de la collectivité.

Rappelons que l'économie marchande est une façon particulière d'organiser et de faire fonctionner un ordre économique (entendu au sens de domaine de la production – distribution – consommation des ressources), un ordre basé sur une division du travail entre des producteurs marchands indépendants. Ces derniers, possesseurs de moyens de productions et des entrants nécessaires, disposent du produit de leur activité de travail. À ce niveau, peu importe ce qui se trouve à l'intérieur de chaque entreprise (un

19. Nous laissons ici de côté une discussion théorique importante sur la question de savoir si la monnaie est (ou non) la forme d'existence du travail abstrait, Roubine ayant parfois des formulations allant dans ce sens. Sur ce point, et pour engager la discussion, on pourra se reporter à [Salama, Hai Hac, 1992].

producteur indépendant, un collectif de producteurs indépendants, ou un entrepreneur-salariant, un gestionnaire-salariant). Chaque unité produit des marchandises, c'est-à-dire des objets – biens ou services – qui ne sont pas destinés à son propre usage, mais au marché. Les rapports de production marchands ne se structurent pas simplement pour des choses, mais par des choses – ce qui est le cœur du fétichisme, comme nous l'avons montré plus haut. La vente sur le marché valide le travail privé en travail social, via la monnaie. C'est à ce niveau qu'intervient la théorie de la valeur chez Marx, en tant que théorie « sociologique » de la forme-valeur des produits du travail. Car le passage du travail privé au travail social est lié au passage du travail concret au travail abstrait. Les interactions entre producteurs passent par le marché et forment quelque chose comme une totalité qui est certes décentralisée, mais reste coordonnée :

> « La communauté règle ainsi indirectement l'activité de travail des hommes, puisque la circulation des produits sur le marché, la hausse et la baisse de leur prix conduisent à des modifications dans la répartition de l'activité de travail des producteurs marchands isolés, à leur entrée dans certaines branches de la production ou à leur sortie de celles-ci, donc provoquent une redistribution des forces productives de la société. »
> [Roubine, 2009, p. 40]

Dans cette économie, le procès de production matériel-technique n'est pas le lieu où se forme la valeur en tant que telle. C'est une condition nécessaire, mais pas une condition suffisante. D'un point de vue transhistorique, indépendamment de toute forme sociale d'organisation de l'ordre économique d'une société, le travail est toujours le présupposé « matériel-technique » aussi bien que biologique de toute activité économique (si l'on excepte un monde avec robots, comme dans les romans de science-fiction). Mais pour Roubine, ce présupposé ne relève pas de l'analyse économique en tant que telle ; la valeur est une forme sociale, qui – via le processus de travail abstrait – organise et homogénéise l'ensemble du monde des marchandises. En ce sens, il s'agit fondamentalement d'une théorie qualitative de la valeur, même si les aspects quantitatifs sont présents :

> « Dans une telle société, le produit acquiert des caractéristiques sociales spécifiques (les propriétés de valeur, de monnaie, de capital, etc.) qui font que ce produit ne se contente pas de cacher les rapports sociaux entre les hommes, mais encore qu'il les organise, servant ainsi de lien médiateur entre les hommes. Plus exactement, c'est justement parce que les rapports de production ne peuvent s'établir que sous la forme de rapports entre les choses que ces choses cachent les rapports de production. » Et citant Marx : « Lorsque les producteurs mettent en présence et en rapport le produit de leur travail à titre de valeurs, ce n'est pas qu'ils voient en eux

une simple enveloppe sous laquelle est caché un travail humain identique ; tout au contraire : en réputant égaux dans l'échange leurs produits différents, ils établissent par le fait que leurs différents travaux sont égaux. Ils le font sans le savoir » (*Le Capital*, Livre 1, t. 1, p. 86)[20]. Pour conclure, « L'échange et l'égalisation des produits sur le marché créent un lien social entre producteurs de marchandises et unifient l'activité de travail des hommes. »

[Roubine, 2009, p. 43]

C'est à ce niveau que l'interprétation de la théorie de la valeur par Roubine permet de comprendre toute l'importance que prend la double dimension du fétichisme telle que nous l'avons exposée en section 1 : d'une part, la réification des rapports de production et, d'autre part et corrélativement, la personnification des choses. Mêlant son commentaire au texte même de Marx, Roubine précise en quoi les rapports de production entre hommes dépendent de la forme sociale des choses (ce qu'il appelle des éléments de la production) qui leur appartiennent et qu'ils personnifient. Qu'il suffise ici simplement et pour finir d'en citer un extrait[21] :

« Si donc, dans une société marchande-capitaliste, les hommes entrent dans des rapports de production immédiats seulement en tant que propriétaires de marchandises, propriétaires de choses, il en résulte que les choses acquièrent des caractéristiques sociales particulières, une forme sociale spécifique. Les "déterminations sociales du travail" revêtent des "caractères matériels" et les choses des "caractères sociaux". » (*Le Capital*, p. 101). « Au lieu des "rapports sociaux immédiats des personnes dans leurs travaux mêmes", tels qu'ils s'établissent dans une société dont l'économie

20. Nous indiquons la référence au *Capital* comme elle est mobilisée dans la traduction de Roubine [2009], mais il s'agit de la traduction des Éditions Sociales que nous indiquons dans notre bibliographie

21. Dans cet article, nous n'avons fait qu'évoquer la théorie de la valeur de Roubine pour montrer comment était mobilisée en son cœur ce que nous appelons l'interprétation constructiviste de la théorie du fétichisme de la marchandise chez Marx. Ce faisant, nous nous sommes contentés de montrer comment fonctionne la structure économique, en quoi consiste la valeur, mais nous avons laissé de côté la question de la genèse historique de cette structure. Roubine donne des éléments de réponse : « Chaque forme sociale attachée aux produits du travail dans la société capitaliste (l'argent, le capital, le profit, la rente, etc.) est apparue comme le résultat d'un long procès historique et social, à travers une constante répétition et une sédimentation des rapports de production du même type. Quand un type donné de rapports de production entre les hommes est encore rare et exceptionnel dans une société donnée, il ne peut imposer aux produits du travail de celle-ci un caractère social différent et permanent [...] Dans l'échange non développé, le produit du travail ne détermine la valeur que pendant l'acte d'échange et il n'est valeur ni avant ni après l'acte d'échange. Au fur et à mesure de leur développement, les forces productives secrètent un type déterminé de rapports de production entre les hommes. Ces rapports se répètent fréquemment, se généralisent et s'étendent dans un cadre social donné. La « cristallisation » des rapports de production entre les hommes amène la « cristallisation » des formes sociales correspondantes au niveau des choses. » [Roubine, 2009, p. 57].

> est organisée[22], on observe des "rapports matériels entre les personnes et des rapports sociaux entre les choses". Nous avons ici deux propriétés de la société marchande : la "personnification des choses et la réification des rapports de production" (*Le Capital*, Livre 3, p. 208), la "réification des déterminations sociales de la production et la subjectivisation de ses fondements matériels". » (p. 225)
>
> [Roubine, 2009, p. 56]

On voit ainsi de quelle manière, selon nous, Roubine radicalise la posture marxienne de critique de l'économie politique, en montrant comment les catégories sont des constructions sociales propres au mode de production marchand. Il ne s'agit pas simplement de déterminer l'essentialisme propre à « l'économie politique », un essentialisme évidemment beaucoup plus fin que celui des apologues du capitalisme éternel, celui de « l'économie vulgaire ». Il s'agit de révéler un essentialisme présent chez Marx, et bien sûr beaucoup plus subtil. Risquons, pour mettre en perspective notre étude critique, quelques éléments de caractérisation en prenant appui sur Cornélius Castoriadis. Bien qu'envisageant le capitalisme comme une institution historique et en cela particulière, il est possible de soutenir qu'il ne s'épuise pas dans cette signification relative et présente malgré tout une signification absolue du point de vue d'une ontologie du social : c'est dans et par lui que se manifesteraient enfin les déterminations essentielles de toute vie sociale. Cornélius Castoriadis a su parfaitement traquer les ressorts profonds de cet essentialisme que l'on pourrait qualifier de « travailliste ». Dans le capitalisme, la valeur d'échange serait ainsi « *l'Épiphanie de la Valeur, la présentation/manifestation/expression/figuration de ce qui était là toujours, depuis toujours et dans le toujours, mais seulement en puissance* [...] *: le Travail* » [Castoriadis, 1978, p. 345]. Cette critique nous permet de bien mesurer qu'au fond, la lecture essentialiste finit toujours, qu'elle le veuille ou non, par tomber du côté d'une ontologie substantialiste. Le travail reste encore et toujours pensé sous la catégorie de la substance, c'est-à-dire de ce qui subsiste et reste inaltérable, en deçà de ses formes d'expression, en tant que fondement immuable d'attributs et de déterminations qui par ailleurs peuvent être changeants.

> « Marx sait très bien, il est le premier à dire que l'apparente homogénéisation des produits et des travaux n'émerge qu'avec le capitalisme. C'est le capitalisme qui la fait être. Mais comment dans le cadre ontologique qui reste le sien, Marx peut-il penser que le capitalisme pourrait faire être quelque chose qui n'était pas déjà là, du moins en puissance ? Le capitalisme ne peut donc que le faire apparaître, il révèle l'humanité à

---

22. Au sens d'organisée de l'extérieur par des rapports sociopolitiques (féodalité, plan socialiste)

> elle-même – l'humanité qui jusqu'alors se croyait magique, politique, juridique, théologique, philosophique, et qui apprend moyennant le capitalisme sa vraie vérité : qu'elle est économique, que la vérité de sa vie a toujours été production, laquelle est cristallisation en valeurs d'usage de cette Substance/Essence, le Travail. »
>
> [Castoriadis, 1978, p. 348]

Par rapport à cette ontologie « travailliste » qui – ambiguïté intrinsèque de Marx oblige – n'est finalement qu'une lecture possible de la théorie de la marchandise et de la valeur, la posture critique que nous risquons dans le prolongement de Roubine se propose à l'inverse de défendre l'idée qu'une autre lecture est possible et que ce qu'on substantifie comme « Travail » n'est finalement qu'une construction social-historique contingente dont il faut savoir assumer toutes les conséquences sur le plan de l'analyse économique. Cette lecture a donné et donne lieu encore à un marxisme hétérodoxe très dynamique, ne serait-ce qu'en France [Faccarello, 1982 ; De Vroey, 1984 ; Orléan, 2011 ; Harribey, 2013] et Cornélius Castoriadis en résume le point d'appui constructiviste dans l'appréhension du travail : « *Cette fantasmagorie réelle, ce constructum historique d'une pseudo-homogénéité effective des individus et des travaux est une institution et création du capitalisme, un produit du capitalisme moyennant lequel le capitalisme se produit.* » [Castoriadis, 1978, p. 349-350]

Conclusion

Marx est sans doute l'économiste qui a, dans sa théorisation de l'économie, donné le plus d'importance à la question de l'apparence et, corrélativement, à la question de l'illusion. Dans son œuvre, ces questions ne sont pas simplement évoquées ; elles font l'objet d'une conceptualisation spécifique. Une fois ce constat établi, tout le problème est de savoir quel statut donner au traitement de ces questions dans la théorie économique de Marx. Dans cet article, nous avons essayé de montrer (1) qu'un point d'entrée fructueux dans cette problématique est l'examen de la théorie du fétichisme ; (2) qu'il n'y a finalement que deux façons de prendre au sérieux cette théorie, l'interprétation essentialiste et l'interprétation constructiviste et (3) que, partant de ces deux interprétations, on peut donner un sens plus ou moins fort à l'œuvre de Marx en tant qu'elle se présente comme une « critique de l'économie politique ».

(1) Toute société humaine organise un domaine économique (au sens de production-distribution-consommation des ressources nécessaires à la

vie individuelle et collective) ; c'est un fait de condition. Mais Marx ajoute ceci d'essentiel : par rapport aux tenants et aboutissants de ce domaine, toute société déploie également un certain système de représentations (une idéologie) qui accompagne le fonctionnement de ce domaine, pour l'aider à fonctionner, lui donner du sens et le légitimer [Sobel, 2013]. En toute rigueur, et comme les catégories d'analyse reçoivent toujours chez Marx une spécification temporelle, il faut rappeler que la théorie du fétichisme n'est propre qu'au monde marchand généralisé (ou marchand-capitaliste), et ne concerne pas en tant que tels les autres modes historiques de production (lesquels disposent de leurs propres formes idéologiques). Pour autant, selon nous, cette théorie occupe une place autrement plus importante que celle que semble lui accorder cette limitation sociale-historique. D'une part, parce qu'elle concerne le mode de production dominant à l'époque de Marx et qui domine aujourd'hui encore, au point de se présenter comme un horizon indépassable de la condition humaine [Fukuyama, 1993] ; donc, à ce titre, cette théorie contribue à la réflexivité critique sur le monde contemporain. Pour s'en convaincre, il suffit de rappeler qu'elle a nourri l'œuvre de critique sociale de penseurs radicaux comme Lukacs [1960], Debord [1967] ou Baudrillard [1972]. D'autre part, parce qu'elle fait l'objet d'un développement conceptuel extrêmement dense et très structuré, au cœur de l'ouvrage de théorie économique que Marx a publié de son vivant, considérant que cet ouvrage présentait sa pensée dans la forme la plus aboutie. Autant de solides raisons, pour nous, de faire de la théorie du fétichisme de la marchandise une porte d'entrée fructueuse pour problématiser le statut de l'apparence et de l'illusion dans la théorie économique chez Marx, et pas simplement un supplément « sociologique », voire une anomalie épistémologique.

(2) Les deux interprétations polaires – essentialiste et constructiviste – de la théorie du fétichisme ont un point commun : elles prennent au sérieux cette théorie (qui n'est donc pas pour elles une anomalie perdue dans un texte de théorie économique !) et partent de la reconnaissance d'une épaisseur propre de l'apparence, en tant que mode d'apparition des rapports sociaux. C'est un point décisif qui, quelle que soit l'importance qu'on lui accorde ensuite, signe d'emblée l'inscription de Marx dans ce qui spécifiera par la suite les sciences sociales [Tarot, 1992] comme distinctes non seulement des sciences de la nature, mais aussi des sciences de l'esprit. Pour autant, comme nous l'avons montré, elles ne donnent pas à cette reconnaissance la même portée à l'intérieur de la théorie économique. L'interprétation essentialiste lui donne une importance secondaire (une espèce particulière de théorie de l'aliénation du sujet) quand l'interprétation constructiviste en fait sa pierre

angulaire (le point d'appui de l'ontologie sociale qui fonde la théorie de la valeur, comme on le voit clairement chez Roubine).

(3) Si l'on lit Marx en le tirant vers sa face constructiviste radicale, on peut dire que la *Critique de l'économie politique* n'est pas seulement la critique d'une théorie dominante, mais c'est tout à la fois et en même temps la critique de rapports sociaux et la critique des théorisations qui finalement les laissent échapper, alors même qu'elles prétendent les appréhender. Bien sûr, la critique de l'économie politique classique n'est pas du même ordre que celle de l'économie vulgaire. Les « erreurs » de celle-là résultent de l'opacité des rapports de production capitalistes, et ne constituent pas, comme c'est uniquement le cas dans celle-ci, un discours dont l'objectif est la justification de l'ordre des choses. Il n'en reste pas moins que, pour Marx, les classiques se heurtent au mysticisme de la marchandise. Ce disant, il ne s'agit pas de faire de Marx un relativiste postmoderne. Car il faut rappeler que Marx conserve, sur le plan scientifique, la distinction science/idéologie, même s'il la fait fonctionner tout autrement que ne le ferait un savant positiviste, son centre de gravité « essentialiste » étant toujours travaillé par un moment constructiviste. Si la science reconnaît l'idéologie comme idéologie, pour autant, chez Marx, on ne peut pas dire qu'elle se contente de la reconnaître comme « simple » idéologie (opposée au réel), comme pure illusion ; elle doit la reconnaître comme illusion ontologiquement constitutive de l'ordre social.

Bibliographie

Amariglio Jack, Callari Antonio [1989], « Marxian value Theory and the Problem of the Subject: The Role of Commodity Fetishism », *Rethinking Marxism*, n° 3, p. 96-105.

Abeles Marc [1985], « Mode de production », *Dictionnaire critique du marxisme*, sous la direction de Greorges Labica et Gérard Bensoussan, Paris, PUF, p. 744-749.

Althusser Louis [1965], « Sur le jeune Marx », *Pour Marx*, Paris, Maspero, p. 45-83.

— (avec Étienne Balibar, Roger Establet, Pierre Macherey, Jacques Rancière) [1965], *Lire* Le capital, Paris, Maspero.Althusser Louis [1985 (1969)]« Avertissement aux lecteurs du livre 1 du *Capital* », in Marx K., *Le capital,* Livre 1, section I à IV, Paris, Champs-Flammarion (traduction J. Roy), p. 7-26.

Aron Raymond [1970], *D'une sainte famille à l'autre. Essai sur le marxisme imaginaire*, Paris, Gallimard.

Artous Antoine [2003], *Le fétichisme chez Marx*, Paris, Syllepse.

— [2009], « Préface », in Roubine I., *Essais sur la, théorie de la valeur de Marx*, Paris, Syllepse.

Balibar Étienne [1974], *Cinq études sur le matérialisme historique*, Paris, Maspero.

— [1993], *La philosophie de Marx*, Paris, La Découverte.

— [1997], *La crainte des masses. Politique et philosophie avant et après Marx,* Paris, Galilée.

— et Jean-Marie Vincent [1994], « Débat sur le fétichisme de la marchandise », *Critique communiste*, hiver 1994-1995, n° 140.

Baudrillard Jean [1972], *Pour une critique de l'économie politique du signe*, Paris, Gallimard.

Bellue François [1985], « Du fétichisme religieux au fétichisme économique », *Raison présente*, n° 75, p. 77-96.

Bidet Jacques [1983], « Valeur », in *Dictionnaire critique du marxisme*, sous la direction de Georges Labica et Gérard Bensussan, Paris, PUF.

Bloch Ernst [1977 (1945)], *Sujet-Objet. Éclaircissements sur Hegel*, Paris, Gallimard.

Debord Guy [1967], *La société du spectacle*, Paris, Buchet-Chastel.

Castoriadis Cornélius [1975], *L'institution imaginaire de la société,* Paris, Seuil.

— [1976], « Valeur, égalité, justice, politique de Marx à Aristote et d'Aristote à nous », *Les carrefours du labyrinthe,* Paris, Seuil.

De Angelis Massimo [1996], « Social Relations, Commodity-Fetishism and Marx's Critique of Political Economy », *Review of Radical Political Economy*, vol. 28, n° 4, p. 1-29.

De Vroey Michel [1984], « Marchandise, société marchande, société capitaliste : un réexamen de quelques définitions fondamentales », *Cahiers d'économie politique*, n° 9, p. 109-134.

— [1985], « La théorie marxiste de la valeur – Version travail abstrait. Un bilan critique, Marx en perspective », in Chavance B. (éd.), *Marx en perspective*, Paris, Éditions de l'EHESS, p. 385-417.

Faccarello Gilbert [1981], « Karl Marx et la problématique des prix naturels », *Revue d'économie politique*, n° 4, p. 373-397.

— [1982], « L'échec de Marx : pour rouvrir un débat », *Cahiers d'économie politique*, n° 8, p. 65-85.

Foucault Michel [1967], « Nietzsche, Freud, Marx », in *Nietzsche*, Cahiers de Royaumont, Paris, Minuit, p. 183-192.

Fukuyama Francis [1993], *The End of History and the Last Man*, Free Press.

Godelier Maurice [1984], *L'idéel et le matériel. Pensées, économies, sociétés*, Paris, Fayard.

Graeber David [2001], *Toward an Anthropological Theory of Value: The False Coin of our Own Dream*, New York, Palgrave.

Granel Gérard [2001], *Le concept de forme dans « Das Kapital »*, in J.-L. Nancy, E. Rigal, (éd.), *Granel, l'éclat, le combat, l'ouvert*, Paris, Belin, p. 21-35.

Guerreau Alain [1985], « Féodalisme », *Dictionnaire critique du marxisme*, sous la direction de G. Labica et G. Bensoussan, Paris, PUF, p. 460-464.

Haber Stéphane [2007], *L'aliénation. Vie sociale et expérience de la dépossession*, Paris, PUF.

Hai Hac Tran [2003], *Relire* Le capital, *critique de l'économie politique et objet de la critique de l'économie politique*, 2 tomes, Lausanne, Page deux.

Harribey Jean-Marie [2013], *La richesse, la valeur et l'inestimable. Fondements d'une critique socio-écologique de l'économie capitaliste*, Paris, Éditions Les Liens qui libèrent.

Hussain Athar [1987], « Commodity fetishism », *The New Palgrave: A Dictionary of Economics*, Eds John Eatwell, Murray Milgate and Peter Newman, Palgrave Macmillan, Online.

Iacono Alfonso [1992], *Le fétichisme. Histoire d'un concept*, Paris, PUF.

Kail Michel [1996], « Marx et la politique », *Actuel Marx*, 2e semestre, p. 81-92.

Koakowski Leszek [1985], *Main Currents of Marxism,* Oxford, Oxford University Press.

Labica Georges [1985], « Fétichisme (de la marchandise) », *Dictionnaire critique du marxisme*, sous la direction de G. Labica et G. Bensoussan, Paris, PUF, p. 464-466.

Lalande André [1999 (1926)], *Vocabulaire technique et critique de la philosophie*, Paris, PUF.

Lapidus André [1986], *Le détour de la valeur*, Paris, Economica.

Le Moigne Jean-Louis [1999], *Les épistémologies constructivistes*, Paris, PUF.

Lukacs Georg [1960], *Histoire et conscience de classe*, Paris, Minuit.

Marx Karl [1963 (1859)], *Contribution à la critique de l'économie politique, Œuvres, Économie I*, Paris, NRF Bibliothèques de la Pléiade.

— [1974], *Théories sur la plus-value*, t. 1, Paris, Éditions Sociales.

— [1977 (1967)], *Le capital. Livre premier*, Paris, Éditions Sociales.

—, Engels Friedrich [1982 (1945)], *L'idéologie allemande*, Paris, Essentiel/ Éditions Sociales.

Maunoury Jean-Louis [1984], « Théorie marxiste de la valeur et normes sociales de valorisation », *Cahiers d'économie politique*, n° 9, p. 85-107.

Orléan André [2011], *L'empire de la valeur. Refonder l'économie*, Paris, Seuil.

Pasukanis Evgueni [1970 (1924)], *La théorie générale du droit et le marxisme*, Paris, EDI.

Postone Moishe [2009 (1993)], *Temps, travail et domination sociale : une réinterprétation de la théorie critique de Marx*, Paris, Mille et une Nuits.

Ricœur Paul [1985], *Lectures on Ideology and Utopia*, ed., trans. George H. Taylor. New York, Columbia University Press.

Roubine Isaak [2009 (1928)], *Essais sur la théorie de la valeur de Marx*, Paris, Syllepse.

Salama Pierre et Tran Hai Hac [1992], *Introduction à l'économie de Marx*, Paris, La Découverte.

Sobel Richard [2013], « Idéologie, sujet, subjectivité en théorie marxiste. Marx et Althusser », *Revue de philosophie économique*, n° 14, p. 151-192.

Takenaga Susumu [2007], « Sur les révisions de la seconde à la troisième éditions des *Essais sur la théorie de la valeur* de Marx par I.I. Roubine. Une phase dans la polémique de la valeur dans l'ex-Union soviétique dans les années 1920 », Congrès Marx International V, Paris-Sorbonne et Nanterre, 3-6 octobre, 26 pages.

Tarot Camille [1999], *De Durkheim à Mauss. L'invention du symbolique*, Paris, La Découverte.

Tombazos Stavos [2014], *Time in Marx. Categories of Time in Marx's Capital*, Leiden-Boston, Brill.

Vincent Jean-Marie [1970], « Préface », in *La théorie générale du droit et le marxisme*, Pasukanis E. (1970 [1924]), Paris, EDI.

Vincent Jean-Marie [1973], *Fétichisme et société*, Paris, Anthropos.

Vincent Jean-Marie [1977], « La domination du travail-abstrait », *Critique de l'économie politique* (nouvelle série), n° 1, p. 19-49.

Zizek Slavoj [1989], *The Sublim Object of Ideology*, London, Verso.

CUMULATIVE CAUSATION IN J.R. COMMONS'S INSTITUTIONAL ECONOMICS FROM THE PERSPECTIVE OF INSTRUMENTAL PRAGMATISM

Kota Kitagawa[1]

Commons's [1934a] theory of institutional economics explained cumulative causation between an "institution" and an "institutionalized mind" from the instrumentalist view of intellect and institution; namely, "instrumental pragmatism". This article verifies Commons's [1934a] theory with a holistic model and elucidates four characteristics of cumulative causation that are shown in Commons's [1934a] work. First, the findings illustrate that conflict is an important cause of momentum for investigation. Second, Commons [1934a] dared not use instinct as a cornerstone of his cumulative causation because he wished to avoid introducing a capital-labour dichotomy to his concept of institutional economics. Third, the interim "footholds" or "instruments" of experimentalist actors are "insight" and "institution" (i.e., working rules and custom). In this regard, the actors need footholds because, in Commons's [1934a] cumulative causation, there is no a priori meaning of purpose that provides an evaluation criterion. Fourth, an action evaluated as "progress" or "reasonableness" is not an action that brings a certain consequence; instead, it is an action based on the requirements of due process.

La causalité cumulative de l'institutionnalisme économique de J.R. Commons. Une perspective pragmatiste-instrumentaliste

La théorie économique institutionnaliste de J.R. Commons [1934a] explique la causalité cumulative entre une « institution » et un « esprit institutionnalisé » à partir d'une perspective instrumentale de l'intellect et de l'institution, à savoir le « pragmatisme instrumental ». Cet article vérifie la théorie de Commons à l'aide d'un modèle holistique, et met à jour quatre caractéristiques de la causalité cumulative présentes dans son œuvre [1934a]. Premièrement, les résultats montrent que le conflit est un facteur important pour la recherche ; deuxièmement, Commons [1934a] n'a pas utilisé l'instinct comme pierre angulaire de sa théorie de la causalité cumulative pour ne pas introduire de dichotomie capital-travail dans son concept d'économique institutionnaliste ; troisièmement, les « points d'appui » ou « instruments » provisoires des acteurs sont la « perspicacité » et « l'institution » (soit, les règles et la coutume) ; à cet égard les acteurs ont besoin de points d'appui, car il n'y a pas de signification a priori des fins dans la théorie de Commons ; quatrièmement, une action n'est pas jugée « raisonnable » ou comme étant un « progrès » à partir de ses conséquences, mais en fonction des exigences de la procédure régulière.

Keywords: J.R. Commons, institutional economics, cumulative causation, pragmatism, reasonable value.

JEL classification: B25, P16

---

1. Research Fellow of C-PiER (Center for the Promotion of Interdisciplinary Education and Research), Kyoto University

ADDRESS: International Affair Office, Graduate School of Kyoto University, Yoshida-Honmachi, Sakyo-ku, Kyoto, 606-8501,

PHONE: +81–75–753–3400, FAX: +81–75–753–3492, E-MAIL ADDRESS: kota.k@kansai-u.ac.jp

1. Introduction

Cumulative causation is an important perspective of institutional economics, as remarked by Kapp [1976]. Cumulative causation refers to a change of factors progressing cyclically and cumulatively through reciprocal reinforcement of the factors. There are two genealogies for theories of cumulative causation.

In the first genealogy, analytical themes provide the dynamics of the macro economy. Widely used, this genealogy began with A. Yang in 1928 and proceeded to G. Myrdal in 1957 and N. Kaldor in 1966, among others. However, Uni [2013] proved that J.R. Commons's masterpiece *Institutional Economics* [Commons, 1934a] provides a framework of cumulative causation with regard to this theme, that is, the cumulative causation between "efficiency increase" and "supply and demand growth".

However, macroeconomic composition, the microeconomic arrangement of opportunities and certain interests of actors have been formed and reformed by institutions. These institutions have evolved in accordance with a different causation. The second genealogy considers this causation.

In this second genealogy, analytical themes consider the cumulative causation between institutions (a society) and individuals. This focus on causation enables us to treat "cognition", "volition" or "choice" of individuals as they are socialized and simultaneously maintain their own singularity, without lapsing into "reductionism" or "totalism" [Bazzoli, 1999, p. 128]. T. Veblen is the primogenitor of this genealogy and also the pioneering figure [Veblen, 1899]. He formalized cumulative causation between "prevalent habits of thought" (institution) and "instincts" of humans, which explains why industrial technology is directed towards maintaining the "leisure class".

According to Ramstad [1990], Commons — who is known as one of the founders of Old Institutionalism — belongs to this genealogy [see also Bazzoli, 1999; Zingler, 1974]. Loosely speaking, they understood that Commons's *Legal Foundations of Capitalism* [1924] and his *Institutional Economics* [1934a] contain a circular ring between the "institutionalized mind" (the individual) and the institution (society).

Ramstad favourably explained the circular ring and thought it self-evident that Commons was aware of the ring [*cf.*, Albert and Ramstad, 1997; Bazzoli, 1999]. In contrast, Hodgson [2003] stressed that the ring is not perfected by the descriptions of Commons [1934a]. Hodgson's [2003] main criticisms are the following three points. First, Commons [1934a] did not correctly apprehend Dewey's concept of habit. Second, Commons [1934a] did not apprehend "instinct" as fundamental motivation when individuals adjust themselves to societies. Third, Commons [1934a] did not explain causation from habit to custom.

This article enters the debate over Commons's cumulative causation by considering whether Commons [1934a] contained a framework of cumulative causation between institutionalized mind and institution. This is a valid consideration for the following two reasons.

First, Commons's explanations are difficult to follow, but when we read Commons [1934a] from the perspective of cumulative causation, we can get a holistic modelled picture of the relationship between some of Commons's key concepts and principles, that is, conflict, custom, habitual assumptions, investigation, sovereignty, futurity, and reasonable values.[2]

Second, when we read Commons [1934a] from the perspective of cumulative causation, we clarify the challenges rooted in the circumstances of his time. An urgent issue for Commons from the mid-1920s to the 1930s was to devise a social progress theory without lapsing into either extreme individualism or extreme holism [Commons, 1934a, Ch. XI; 1934b, p. 170; 1950, p. 163]. He focused on neither individual nor social totality, but rather on the cycle of causation linking individuals and society. Individuals are appropriate subjects for social progress only because they are on the cycle of circular causation. This is because individuals internalize social norms and simultaneously maintain their creativity, which brings new order from "conflicts" [Commons, 1934a, p. 766].

The first purpose of this article is to prove that Commons [1934a] adequately formalized a framework of cumulative causation. This can be done only from the "instrumental pragmatism" perspective of reading Commons [1934b, p. 160]. "Instrumental" means that Commons saw "intellects" (the creative minds of individuals)[3] and institutions as devices of "progress". When we read Commons [1934a], our method is to rebut the criticisms of Hodgson [2003]. By relativizing Hodgson's one-dimensional understanding

2. In this article, "value" means "proprietary scarcity value", namely "price" [Commons, 1934a, pp. 207, 213]. Further, value in a broader meaning is expressed as "norm". However, Commons [1934a] did not use the word "norm".

3. In Commons [1934a, p. 698], the term "intellect" is presented as one element of the mind compared with another element of the mind, "habitual assumption". "Intellect" can be expressed differently as "active mind" [Commons, 1934a, p. 149]. The intellect begins working when doubt occurs or conflict with other minds arises.

of pragmatism, we can directly understand Commons's characteristics of cumulative causation.

As Commons himself described, and as many researchers have pointed out, Commons's view of intellects and institutions is characterized as "instrumentalism" [Commons, 1934b, p. 160; Rutherford, 1983, pp. 731–2; Vögelin, 1995, pp. 11–3, 281–2; Taka, 2004, p. 242]. By reading Commons [1934a] from the perspective of instrumentalism, which is the second purpose of this article, the characteristics of cumulative causation showed by Commons [1934a] are elucidated. The characteristics are the following four points. First, conflicts provide some of the momentum for collective reasoning.[4] Second, Commons dared not place instincts as a cornerstone of cumulative causation. Third, "insights" and "joint expectations" are the "footholds" of actors who feel their way in uncertain situations. Fourth, an action is evaluated not by whether it brings a certain consequence, but whether it keeps to certain requirements of due process (working rules). When one of the requirements, "due process", is discussed, it is possible to understand the way in which, within cumulative causation, minds and their joint evaluation develop to a state of "reasonableness". This development occurs through the compression of political, economic and ethical norms into institutions. The function of cumulative causation in coordinating the different norms is missed not only by Hodgson [2003], but also by the advocate of Commons, Ramstad [1990].

This article is organized as follows. Section 2 clarifies the issues we should consider by comparing Hodgson's three criticisms with Ramstad's explanations. From Sections 3 to 5, Hodgson's [2003] criticisms are rebutted with detailed arguments. As a result, Commons's [1934a] formulation of a "circular causation" between institutions and individuals is understood to be correct. Then, in the last part of Section 5, the notion of causation as "cumulative" is proven. Through these discussions, the characteristics of Commons's [1934a] cumulative causation are elucidated. In Section 6, we connect cumulative causation with "reasonable value", which is Commons's key concept. As a result, we show a fourth characteristic of cumulative causation. Section 7 provides concluding comments.

4. Other momentum comes from unintended consequences, as Biddle [1990b] stressed.

2. Opposing views on Commons's cumulative causation

2. 1. Institutional causation and individual causation

This article first checks the essential points of Ramstad [1990] and Hodgson [2003] that mention Commons's cumulative causation before turning to the main purpose: whether Commons [1934a] contains a framework of causation. Ramstad [1990] is the only study that concretely distils the circular and cumulative causation between individuals and society.[5] In contrast, Hodgson [2003] expressed a biting opinion of Ramstad's work. The purpose of this section is to compare their opposing views in order to clarify the three issues that we should consider about Commons [1934a].

Ramstad [1990, p. 77] asserts that Commons [1934a] contains a framework of circular causation between "institutional causation" and "individual causation" (see Figure 1).

Figure 1. Circular Causation Discussed in Ramstad [1990]

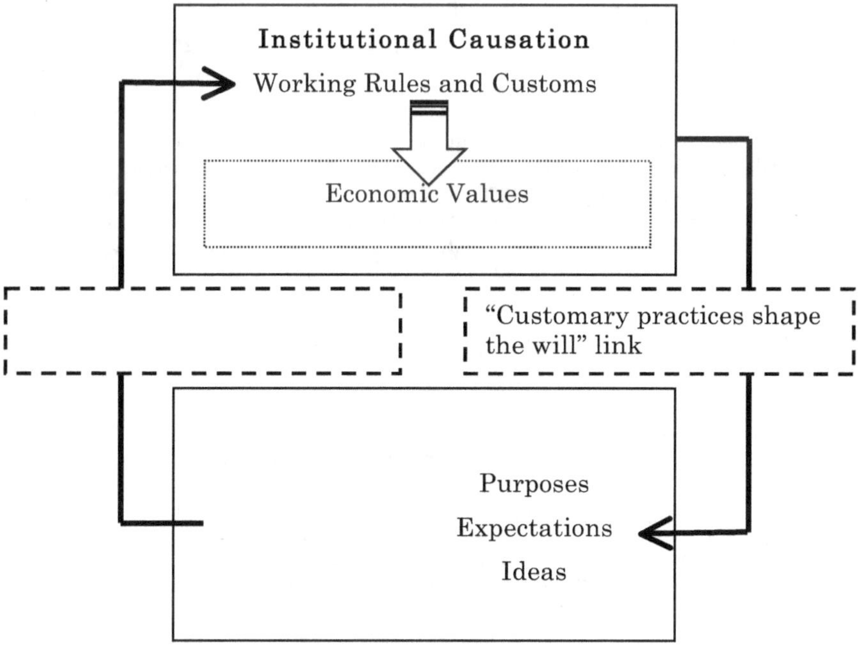

5. However, in Ramstad [1990], as can be expected from the section title "XVII. A Digression on Institutional Causation", cumulative causation is discussed within a space constraint [Ramstad, 1990, pp. 77–86].

Institutional causation means reciprocal relations that follow two directions: first, institutions (customs and working rules of going concerns) cause transactions and economic outcomes; second, the outcome is a cause on which the perpetuation of each institution depends.[6] Individual causation refers to reciprocal relations between experiences and will.[7] The experiences that come from the outside world are the causes of "meaning", "valuing" and "choice" in the inner world. The internal activities result in actions.[8] The actions are conductive of the next experiences [Commons, 1934a, p. 95; *cf.*, Dewey, 1929, pp. 167–8]. In individual causation, the inner and outside worlds are not divided but interlinked at an interconnection point, namely, action [Albert and Ramstad, 1997; Costa and Castro Caldas, 2011, p. 675; Dewey, 1922; Harter, 1963, p. 227].

Institutional causation and individual causations are connected by two links: "customary practices shape the will" and "the will chooses outcomes/working rules" [Ramstad, 1990, p. 79]. The former link indicates that expectations, purpose, the way of recognition, and the way of action converge, to some extent, to a certain type. When we designate this link as

6. Following law or causation is involved in institutional causation. According to Ramstad, it is the law of supply and demand, that is, "economic law". According to Uni [2013], it is the cumulative causation of the macro economy. Based on Ramstad [1990], for Commons, "economic law" or "market force" arises from myriad transactions, which are controlled by institutions; therefore, the law does not exist prior to institutions and does not evolve independently from the institutions. However, this article focuses only on the causation between "institution" and "institutionalized mind" within "multiple causations" [Commons, 1934a, p. 7].

7. "Will" refers to the total inner world of an individual. "Volition" indicates active choice, that is, "performance", "forbearance", "avoidance" and "timeliness" [Commons, 1934a, pp. 305–6; 1950, p. 149].

"Act"	Performance (positive act: AD)	Forbearance negative act or limitation: DB	C
"Omission"	Avoidance (a total negation of the alternative performance: AC)		

Figure 4. Formula of Choice of Two Alternative Acts: AB and AC
Source: Compiled by the author based on Commons
[1924, p. 78, Fig. I; 1934a, p. 305, Formula of Choice)

This strategic choice, including deliberate "withholding", is intended to control "proprietary scarcity" [Commons, 1934a, pp. 198–201]. Timeliness is the choice of appropriate time and place and degree of performance.

8. A brilliant explanation of the relation between meaning, valuing and volition is given in Commons [1934a, pp. 17–20] [*cf.*, Mirowski, 1988, p. 127].

our starting point, institutional causation becomes the "cause" of individual causation because institutional causation is expressed in the expectations and purpose of individuals [*cf.*, Biddle, 1990a, p. 3]. Commons borrowed the term "institutionalized mind" from E. Jordan to express the will internalizing institutional causation [Commons, 1934a, p. 697, n. 72; Jordan, 1927].

The latter link, namely, "the will chooses outcomes/working rules", is the "volitional dimension of action directed to the achievement of future end" [Ramstad, 1990, p. 80]. Ramstad focused on volition of "authoritative agency" (especially, courts of law), that is, purpose.[9] The authoritative agency chooses new working rules to fit with the purpose that is the cause of action. The "purposeful thought" and the choice resting on the thought are "artificial selection" and a cause of institutional causation [*cf.*, Ramstad, 1994, pp. 109–11].

Thus, individual causation and institutional causation form a circular ring by these two links. "If one is to understand *why* an individual has acted in the way he/she has been observed to act, one must evaluate the significance in the particular case of *both* 'volition' ('individual causation' as captured by the term 'methodological individualism') *and* 'working rule and custom' ('institutional causation' as captured by the term 'determinism')" [Ramstad, 1990, p. 97, n. 54].[10]

Ramstad [1990] asserts that the essence of Commons's institutional economics is to understand economic values in circular causation. On the one hand, in mainstream economics, "the wills of individuals, as limited by their own endowments of resources and the state of technology, are jointly the basic 'force' underlying, or fundamental 'cause' of, observed economic values" [*Ibid.*, p. 83]. On the other hand, in Commons's theory, if we dare to set a starting point or cause, it is the purpose that the authoritative agency has. According to this purpose, the agency "chooses outcomes/working rules". "Orderly transactions" based on the "adopted working rules" realize economic values [*Ibid.*, p. 85, Figure 2]. Thus, the realized economic values are seen as a consequence of economic coordination.

Supporting this "reinterpretation of the etiology of economic values" means following two points [*Ibid.*, p. 87]. First, the amendment of working rules becomes a way to enforce economic values that come closer to public

9. The purpose of authoritative agency derives from the collective will of principals.

10. Here and throughout this paper, *italic* font indicates a direct quotation, whereas **bold** font indicates emphasis added by the author of this article. [ ] is a supplement of the author.

purposes than economic values realized under the old rules. Working rules are evaluated and reformed based on gaps between public purposes and economic values that are raised by transactions based on the rules [*cf.*, Biddle, 1990b, p. 31]. Second, an issue that economists should address is redefined, from defining the goals that principals or authoritative agents other than economists ought to pursue, to "showing how the existing structure of working rules must be altered if the evolving purposes of the principals' collective will are to be attained" [Ramstad, 1990, p. 87]. Therefore, economists should first investigate the meaning of public purpose created historically in cumulative causation before thinking about the instrument to attain the purpose.[11] Adding to Ramstad [1990], this method of investigation differs completely from that which considers prescription fitting a given cause, that is, an *a priori* purpose.

This article backs Ramstad's assertion by showing, in the following sections, that cumulative causation between "institution" (working rules and customs) and "institutionalized mind" is described in Commons [1934a]. However, the article raises four outstanding issues in Ramstad [1990].

First, what is the momentum of an intellect that doubts existing institutions and habitual assumptions? Ramstad focused mainly on doubts arising as momentum when unintended consequences emerge, in other words, motivation that attempts to increase the availability of "instruments" for purposes. This article adds "conflicts" to the momentums of doubt. As inspired by Vögelin [1995, p. 262], Commons is unique in focusing on both doubt and conflict as the momentum of investigation [Commons, 1934a, p. 848].[12]

11. When Commons discussed whether the draft laws would be effective for certain problems, he considered not only the drafting of the law but also the existing or attainable belief systems of participants in transactions that would become norms at a meta-level, supporting the operation of the draft. His view, that it is the norms at the meta-level that underpin the workableness of institutional reform, is expressed clearly in his key word "administration". His method, in which he processes reasoning based on existing or attainable customs, differs completely from the method of economists who deduce from certain assumptions that are not based on experiences [Commons, 1934a, p. 847].

12. The question of how new order is brought out of conflict may be a unique focal point of Commons in comparing modern institutionalism. Modern institutionalism, for example, the new institutionalism of D.C. North, regulation theory and convention theory have commonality with Commons's focus on "conflict", "mind", "convention" and so on [*cf.*, Rutherford, 1986, pp. 736–8; Baslé, 2002, p. 25]. However, Commons is unique in focusing on the creative method exercised in constituent processes of joint experience. The creative method is, as discussed in Section 6, "insight" and the negotiation process between representatives of organized economic interests [Commons, 1934b, p. 73]. Perhaps the method was a specific way of being for the intellect and a specific way of forming an agreement in the United States or the state of Wisconsin at the time [Vögelin, 1995]. If this is true, then the cumulative causation shown by this article cannot become a general theory [Terakawa, 2014].

Second, what are the two variables when we view Commons's cumulative causation as reciprocal reinforcement of multiple variables? In Section 5, we define the variables based on descriptions given by Commons [1934a].

Third, with regard to causation, how are the political, economic and ethical norms compressed into the institutions, and how are they compressed into reasonable value? Although this issue is the basis of Commons's [1934a] institutional economics, it was not considered by Ramstad [1990]. The criticism that the issue is overlooked applies equally to Hodgson [2003].

Fourth, we should consider the decision of "authoritative agency" in two ways. One way involves the decision of sovereignty, for example, a court's decision. Another way is the voluntary agreement between organized interests, which is expressed as "consensual idealism" [Commons, 1934a, p. 743]. The reason we divide the decision of the authoritative agency in two ways is that Commons evaluates the second way as more appropriate for "social progress" [Commons, 1934b, pp. 155–6].

2.2. A new perspective on Hodgson's criticism

Hodgson [2003] asserted that the links set out by Ramstad [1990, pp. 79–81], that is, "customary practices shape the will" and "the will chooses the outcomes/working rules", are incomplete. While Ramstad [1990] elucidated the implication of Commons [1934a] favourably, Hodgson [2003, p. 571] performed a "grounded exegesis of what Commons actually wrote and thought". Hodgson flatly refuted the discussion of Ramstad, who complimented Commons [1934a] by referring to Dewey [1922] as "wishful imputation" [Albert and Ramstad, 1997; Hodgson, 2003, p. 571].

Figure 2. Uncompleted Circular Causation

(next page)

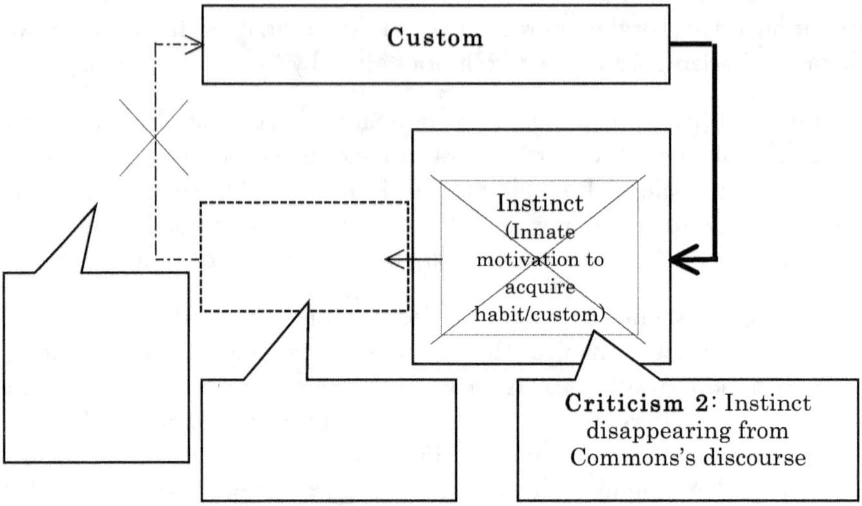

Hodgson's criticism is based on the following (see Figure 2). First, Commons [1934a] did not account for "instinct", while Hodgson viewed such "impulse" as the point of junction of the link between customs and habit. Second, Commons [1934a] lacked an explanation of the link between habit and customs. Third, Commons [1934a] did not formulate the concept of habit correctly compared to Dewey [1922]. While Commons [1924] formulated the concept correctly based on a quotation of Dewey [1922], in Commons [1934a], Commons defined the concept in a behaviouristic manner and, according to Hodgson [2003, p. 556], "he mangled Dewey's concept of habit". Thus, Commons did not inherit "instinct–habit psychology" correctly. Of great significance in Hodgson's discussion is the attempt to verify whether the psychological foundations underpinning causation are written in the text of Commons [1934a] and to identify points that need further explanation. The elements of Hodgson's criticisms are the following three points.

First, Commons [1934] did not use "instinct" as the cornerstone of causation. Hodgson saw that instinct or "impulse" connects institutional causation with individual causation. An individual, driven by instinct, reaches for custom to acquire habit. "The acquisition of habit is often triggered by human instincts as well as by institutional and customary constraints" [Hodgson, 2003, p. 558]. Commons [1934a] lacked an explanation of the connection point.

Second, Commons [1934a] lacked an explanation of how a habit becomes a custom [see also Rutherford, 1986, p. 735].

Third, in comparison with Dewey [1922], Commons [1934a, p. 45] defined "habit" as a behaviouristic concept, that is, "mere repetition of acts". Therefore, Commons did not inherit "instinct–habit psychology" from pragmatism correctly.

Thus, Hodgson [2003] narrowly viewed the elements of social psychology of pragmatism as instinct and habit. He appears to require the phylogenesis of institutional economics based on instinct.

Consequently, what is Hodgson's [2003] "instinct–habit psychology"? Schematically, if Figure 2 is completed, the details show this. Certainly, the figure is useful for explaining the circular causation of society and individuals from their genesis. In this regard, instinct is the trigger for learning about the natural and social environment and for adapting to the environment. As a result of the action of such adaptive behaviour, a habit is formed. A certain habit that has a dominant position within various other habits may then become a custom. Thus, a custom is learned by individuals because of an instinctive trigger and is then reflected in their adaptive behaviour. Hodgson's [2003] interest is to explain the evolution of capitalism, namely the circular causation of humans and society, based on instinct, which is "substance" or a fundamental trait. Hodgson unconsciously seeks in Commons's [1934a] institutional economics a genetic theory based on instinct [Hodgson, 2003, pp. 550, 554].[13] However, Commons [1934a] did not use a genetic approach

13. Hodgson [2003] saw the evolutionary theory of Veblen [1899] as "the social analogs of biological genes" [Jennings and Waller, 1998, pp. 1020–1, n. 4] and applied this perspective to Commons's [1934a] institutional economics. However, Hodgson's [2003] emphasis on Veblen's evolutionary theory is deemed to be problematic. The biological evolution approach is not only a genetic approach but also an approach based on ethnology and sociobiology. Veblen emphasizes the latter approaches [Taka, 2004, p. 126, n. 11]. Taka [2003, p. 20] characterizes Veblen's evolutionary theory as follows:

> [...] Veblen tried to adapt the theory of biological evolution to anthropological generalizations through the assistance of the ethological approach.

Commons also sees instinct not as the social analog of genes but the established method of the various ways in which actors form relationships with others and with materials.

> [...] the instincts are not so much hereditary as educated. They are subject to variation, selection and survival, through competition and struggle, primarily as adaptations to meet the material requirements of life and the cultural changes of civilization [Commons, 1934a, p. 660]

As noted above, Hodgson [2003] makes the criticism that Commons [1934a] did not place inherent traits in his institutional economics. Further, Hodgson [2003] rejects Commons's [1934a] focus on habitual action because it seems like the "behaviourism" of J.B. Watson. This way of thinking appears

in order to explain causation; instead, he adopted a different psychology. Commons [1934a] considered how a society controls uncertainty and conflicts by using institutions and intellect as tools. Thus, his interest lies in how a society solves confrontational problems in the "present". Hence this article reviews the three criticisms of Hodgson [2003] from a different perspective. This perspective, in accordance with Commons [1934b, p. 160], is "instrumental pragmatism".

Instrumental pragmatism is a social philosophy that considers the process of solving a conflict that occurs in the political economy. It is applied from the perspective of "pragmatism". This examines the development of hypotheses in the scientific community by focusing on the "effect" of a tested object. With regard to instrumental pragmatism, a certain action's "desirable consequence" for a certain community is substituted for physical "effect".[14] The fundamental aspect of instrumental pragmatism is not a clear explanation of genetic history; instead, it focuses on the ways in which actors who face a certain problem in the present mobilize the social construct, represented by the institutions that have cumulated, in order to create a situation in the future in which the problem is solved [Biddle, 1991]. Thus, the focal point of analysis is not instinct but intellect activated for the purpose of solving a problem.

The mind that appears in Commons' institutional economics is customized or institutionalized. Nevertheless, why does the mind reflect on customs that construct the mind? The answer is that unintended consequences force the mind to consider those customs on which the mind has unconsciously depended. Here, the intellect, awakened by the unintended consequences that disrupt expectation, starts to inquire about reconstructing such expectation. The intellect in institutional economics is J.R. Commons himself because he was a social reformer and a citizen who was involved in economic conflict. The citizens in Commons's institutional economics view institutions instrumentally as an interim and changing order in which transactions stably bring about their private purpose in complex and uncertain economic system [Commons, 1913; 1934a, p. 717; Biddle, 1990a, p. 17].

---

to derive from an understanding of evolutionary theory, not from the ethnological and sociobiological approaches, which focus on the gradual transformation of the meanings of actions and ideas through a changing relation with others and with materials, but from the genetic approach.

14. In Commons [1934a], desired consequence is discussed as desirableness for public purposes; for example, for further freedom, fairness, the commonwealth, the stabilization of the value of money, and the stabilization of employment.

Here, the specificity of conflicts considered by institutional pragmatism is touched upon. In both the genesis of the problem and the formulation of a solution, the elements that are associated with the processes are the private and public purposes; the economic interests; and the political, economic and ethical forces. Thus, to begin with, the way in which a problem is brought to the fore or suppressed is established by such elements. Second, workable solutions are limited within various possible solutions. A noble institution that may become a tool for problem-solving will be effective only when "administration" is well conducted. Therefore, in a negotiation through which the institution works, an agreement for administrative cooperation must be reached.

In the following three sections, Hodgson's [2003] three criticisms are discussed from the perspective of instrumental pragmatism.

3. Habit and habitual assumption

As we confirmed in Section 2, while Ramstad [1990] discussed "institutional causation" and "individual causation" contained in Commons's works, Hodgson [2003] criticized Commons [1934a] for not completing the circular causation between "custom" and "habit". In this section, we verify the cumulative causation between "institution" (working rule and custom) and "institutional mind" (intellect and habitual assumption), which is narrower than Ramstad [1990], who brought price mechanisms into the picture, but a little broader than Hodgson [2003], who provided limited discussion of the linkages connecting "habit" with "custom". The reason for including intellect in our discussion is to grasp "volition", "activity" and "creativity" of minds running through Commons's works.

This section analyzes the first criticism of Hodgson [2003, p. 556], that is, that Commons [1934a] did not correctly portray the concept of habit of Dewey [1922]. While Commons [1924] formulated the concept of habit correctly based on a quotation of Dewey [1922], Commons [1934a] defined the concept as "a repetition of acts" in a behaviouristic manner and, according to Hodgson [2003, p. 556], "he mangled Dewey's concept of habit". In what follows, we confirm this finding of Hodgson.

In Commons [1924], the section closest to the ontology of pragmatism is "Ch. VI (IV) Due Process of Thinking". Commons [1924, p. 352] asserted that the only way to remove two slanted views is to stand on the due process of law, which is a truly pragmatic process. The slanted views are, on the one hand, solipsism and egoism, and on the other, empiricism, as represented by J. Locke.

In this due process of law, habits, ideals, definitions, classification, investigation and valuation play a great role, after which choice and action follow [Commons, 1924, pp. 349–51]. With regard to "habit", Commons borrowed Dewey's concept of habit.

> Habits are the subconscious setting of body, nerves and brain on the basis of past experience and ready to set off in accustomed directions when touched by stimulus from outside. "Habit is energy organized in certain channels" [Commons, 1924, p. 349; Dewey, 1922, p. 76].

Dewey asserts that habits should be seen as "energy" or propensity.

> . Tendency to repeat acts is an incident of many habits but not of all. A man with the habit of giving way to anger may show his habit by a murderous attack upon someone who has offended. His act is nonetheless due to habit because it occurs only once in his life [Dewey, 1922, p. 42].

However, in Commons's works after 1924, habit is explained as "repetition" [*e.g.*, Commons, 1925, p. 267; 1934a, pp. 45, 155, 740]; thereby a habit that is defined as propensity has not appeared [Hodgson, 2003]. As Hodgson [2003, p. 557] indicated correctly, habit has little utility in Commons [1934a] because the role of habit is as a mere stepping stone to bring about the proper concept of "custom" [Commons, 1934a, pp. 140–57].

Aside from this "habit", the concept of "habitual assumption" has appeared on the scene since Commons [1932, pp. 463, 466]. Its easiest explanation is seen in Commons [1934a, p. 697] [*cf.*, Biddle, 1990a, pp. 14–5].

> All economic investigations are investigations of people in their economic activities. In order to understand *why* they act so and so, it is necessary to discover the assumptions which they take for granted as so familiar that they are not formulated in words. [...] [Assumptions, meaning words such as beliefs, divine rights, natural rights, the natural order] are fixed beforehand not in nature but in the customs and habits of participants in transactions.
>
> [...] All minds are institutionalized by whatever habitual assumptions they have acquired and they take for granted, so that they pay no attention to them except when some limiting factor emerges and goes contrary to what they were habitually expecting [Commons, 1934a, p. 697].[15]

15. Commons [1934a, pp. 90–1] mentioned that such a mechanism of mind corresponds to Dewey's social

Then, "intellect" activates in order to control the limiting factor. Commons defines the "mind" as consisting of habitual assumptions and the intellect as "institutionalized mind", borrowed from Jordan [1927] [*cf.*, Commons, 1928b].[16] Thus, habitual assumptions are certain "predispositions" of action, belief, meaning, opinion and so on, which are not associated with intellects [Commons, 1934a, pp. 697–8]. The following description clearly shows that habitual assumption is predisposition in the inner world.

> These activities [of transactions] come to us first as mere sensations, and, as such, we cannot be sure whether they are caused only by and social philosophies inside ourselves, or by activities outside ourselves. [Commons, 1934a, p. 121].

The meaning of habitual assumptions as "predispositions" resembles Dewey's meaning of habit. In the reference sections, Commons [1934a, p. 748] applies a "two language hypothesis" to the concept.

> Habitual assumptions have the double aspect of unthinking impressions, and of the customary repetition of transactions [Commons, 1934a, p. 748].

Hodgson's targeting of habit in Commons [1934a] is the aspect of "customary repetitions of transactions". Why did Commons define it not as "predisposition" but as "repetitions"? One reason is that Commons regarded economics as a science that infers from measurable facts [Commons, 1934a, p. 698].[17] While Dewey discussed the psychological mechanism intensively, he also emphasized "behaviours observable" because his purpose of investigation was to arrive at consensus in a group [Ratner and Altman, 1964, pp. 67–8].

psychology. What Commons indicated by the term "social" in comparison to the term "individualistic" may be the following: testing the consequences of an action does not mean valuing the "utility" of someone's inner world subjectively but rather jointly evaluating the consequences of "*trans*-action" based on collective reasoning [*cf.*, Geyer, 1914, pp. 38–41; Commons, 1931, p. 450].

16. Intellect consists of "rationalization" and "insight". Rationalization is a way of rigorous reasoning, such as deduction or induction. It is divided into "analysis" and "genesis". The former is a process of classification. The latter is an analysis of change of the classified parts. Insight is, like the way of reasoning of Peirce's "hypothesis", "the union of analysis and genesis into a formula of the changing relations of the parts to the whole" [Commons, 1934a, p. 99]. Insight, rationalization and habitual assumptions comprise the institutional mind. These are, in fact, inseparable; however, they are separated for analytical convenience [*Ibid.*, p. 747]. With regard to insight, see Bazzoli [1999, p. 68] and Peirce [1903, p. 186; 1923, p. 131].

17. In addition, Commons required a measurable concept of "scarcity value" and "use value" [*e.g.*, Commons, 1934a, p. 383].

> Yet opinion and action cannot be separated in scientific investigations, for action is opinion-in-action, and science measures the action while inferring the opinion. . Here the process of investigation is similar to psychologist, [...] [not individualistic but] social science investigates habitual and cu[s]tomary assumptions as an explanation of transactions [Commons, 1934a, p. 698].

This "investigation" means not to infer certain causation between a measurable act and a stimulation as a behaviourist would do, but to infer from a measurable act to the volition put into the act, that is, performance, forbearance, avoidance and timeliness, and then to refer back to the actor's intellects and habitual assumptions [Commons, 1928a, r. 12 s. 817; 1934a, p. 24].[18] Moreover, this "process of investigation" is not only the due process of thinking of judges and Commons himself as an economist and a party [Biddle, 1990a], but also the circular process "of all reasoning and valuing by people not judges" [Commons, 1934a, p. 717].[19]

This analytical method was adopted in order to address the following two challenges. The first involves the creation of a theory of "institutional liberalism" without lapsing into either extreme totalism or individualism [Takahashi, 2009]. Institutional liberalism regards a citizen as a bundle of interactions alongside other citizens, technologies and the natural environment. It tries to expand an individual's liberties by editing the interactions. The second involves focusing on the way to control conflicts and uncertainties. The condition in which conflicts and uncertainties are controlled to some extent, that is order, is created from collective reasoning. Therefore, "behaviours observable" should be used as stepping stones to create collectively "joint expectations" [Commons, 1934a, pp. 58, 242], In other words, actions are the objective starting point of the instrumental pragmatist. As observed above, by discussing Hodgson's [2003] criticism that Commons [1934a] does not define habits as propensity, it can be proved that Commons understood habit as having two aspects, internal propensity and habitual action; thus, the criticism misses the point. The reason that habitual action was necessary for Commons [1934a] is that he brought institutional economics into a scientific realm. Such a realm infers,

18. This stance closely resembles the "social behaviourism" of G.H. Mead [Albert and Ramstad, 1998, p. 32].

19. In Commons [1934a], it is difficult to divide ontology from epistemology. Commons himself was an "observer" of the economic scene [Ratner and Altman, 1964, pp. 67–8] as well as, in one case, an "investigator" in *Institutional Economics* [Commons, 1934a, pp. 840–1]. Therefore, in Commons [1934a], the term "investigation" is a key concept in methodology, epistemology and ontology [*cf.*, Bazzoli, 1999, pp. 56–7; Commons, 1939, p. 523; Rutherford *et al.*, 2008, pp. 231–2; Samuels, 1998, p. 2].

from a certain actor's observable action, how the actor gave meaning to his or her experiences that derive from the institutional environment. The actor's meaning establishes his or her interaction with other actors and institutions. After inferring the actor's way of interacting, the instrumental pragmatist reforms the institutions in order to change the interactions so as to expand the liberty of the actor.

4. Commons's critique of instinct

Hodgson [2003] indicated that Commons [1934a] does not contain "instinct" or "impulse", which Hodgson believed to be the heart of the link from custom to habit. While Commons was vividly aware of instinct, that is, the element of psychology [*e.g.*, Commons, 1934a, pp. 660, 699, 748], in addition, he pointed out that it cannot be separated from the arising of custom [Commons, 1934a, p. 45], and he dared not make it the core concept of his psychology. This section considers the following two questions. First, why did Commons not place instinct in his analytical concept? Second, what is individual motivation (not instinct) for learning customs, or what is the driving force behind internalizing customs in the mind?

Let's begin by considering the first question. The reason Commons did not place instinct in his analytical concept was to avoid "antagonism" contained in the theories of K. Marx and Veblen. One of the causes of this antagonism is an assumption that connects certain instincts with certain personalities. Commons mentioned that the "instinct" provided by these theories is correspondent to "habitual assumption" [Commons, 1934a, p. 660]. Commons mentioned that habitual assumption has many aspects, mainly technological, proprietary (bargaining) and ethical assumptions [Commons, 1934a, pp. 698–9]. Technological and proprietary assumptions appear to correspond with "instinct of workmanship" and "pecuniary instinct", respectively [Commons, 1934a, p. 673]. However, these instincts are different aspects of assumption of the same person. Commons pointed out that the pecuniary instinct may be inherent in the minds of both an employee and an employer based on the case of wage bargaining by skilled workers [Commons, 1934a, p. 672]. Regarding Marx, Commons criticized Marx's terminology as propaganda that divided citizens into two classes and pointed out that assumptions could be classified as profit, interest, rent, wage consciousness and so on, when Commons observed American society at the time [Commons, 1934a, p. 699; Vögelin, 1995, p. 260].

The reason Commons [1934a, p. 699] avoided "antagonism" is that he tried to create a psychological basement of an ethical subject who is not entrenched in the *a priori* dichotomy of classes and instincts [Rutherford, 1986, p. 731]. Therefore, the ethical subject should be the "institutionalized mind", which has social norms and peculiar volition together, that is, which explores creative opportunities in the cycle of causation. From this discussion about ethics, and because this framework of cumulative causation was presented after Commons [1924] but before Commons [1934a], we may guess at one of his intentions.[20] At the time, Commons may have been trying to provide a clear illustration of a tolerant society that satisfied both cohesion of totality and variety of individuals. From the 1920s to the 1930s, socialism and fascism grew in strength worldwide. Wisconsin, where Commons resided at the time, was a "miniature" of the world situation [Commons, 1934b, p. 97].

> [...] what I was always trying to do, in my academic way, was to save Wisconsin and the nation from politics, socialism or anarchism, in dealing with the momentous conflict of "capital and labour" [Commons, 1934b, p. 170].

Commons thought that it is the "binding force" of customs, working rules and sovereignty that anchors citizens in this "momentous conflict" [Commons, 1934a, pp. 738–9].

In addition, Commons's analytical purpose was not to explain, using instinct and prevalent habits of thought, why the leisure class is maintained, but to describe how individuals, who are now twisted by the river of circular causation, are defined by the environment and reach for causation in order to achieve purposes. The analytical concept of instinct, which is useful in ontology or to explain the anthropological cumulative cycle, is not a necessary concept in Commons's analytical purpose.

In chronological order, the instinct that grasps certain habits comes before habits, but Dewey [1922, p. 66] indicated that it is not until obtained habits exist in the mind that innate activities are given meaning. Commons likewise refused to isolate instinct as *a priori* assumptions from habits and customs.

---

20. The main description explaining the framework of the cumulative causation, *e.g.*, Commons [1934a, Ch. X. I. Veblen, V. Habitual Assumptions] may have been written during the time from 1929 to 1933 [Commons, 1927; 1928a; 1931; 1932; 1934b, p. 201]. In the society that had been much more unstable since "November 1929, when the financial system collapsed" [Commons, 1950, p. 69], Commons may show more clearly than in his former works what entity individuals are and how they should behave. This is a topic for future research.

Hodgson's apparently ongoing question about whether Commons [1934a] contains "instinctive triggers" may conceal the indecision or hesitation of Commons and Dewey, and concerns whether the *a priori* assumption may bring excessive antagonism into the whole theory [*cf.*, Costa and Castro Caldas, 2011, p. 668; Rutherford, 1986, p. 731].

Then, what is the "trigger" to internalize customs in Commons [1934a]? In Commons [1934a], the "trigger" completing the link between customs and habitual assumption is "motivation" and "the three most fundamental wishes of mankind: security, liberty and equality" [Commons, 1934a, pp. 705–6], as Albert and Ramstad [1997, p. 898] pointed out. Yet two important points should be added to their views. First, the security of expectation is a motivation that is more fundamental than economic liberty and equality, and has an anthropological and trans-historical perspective. Commons's [1934a] institutional economics regards the mind as a blend of multi-layered motivations. However, as suggested in Dewey's [1929] ironic title, *The Quest for Certainty*, even if the security of expectation is fulfilled, this condition must be temporary. Thus, the quest for certainty will continue because certainty cannot last forever. Second, the contents of wishes have been changing and will continue to change gradually, according to the customs and decisions of sovereignty at the moment. One set of examples comprises the precedents that have changed the meaning of the Constitution of the United States, with sections on liberty and equality changing alongside shifting prevalent customs [Commons, 1934a, p. 714].

According to Commons [1934a], individuals driven by motivation or fulfilling wishes "are learning to fit themselves to custom. [...] If they do fit, then the customs to which they adapt themselves give to them security of expectations" [*Ibid.*, pp. 701–2]. However, if they fail to fit their habits to customs, they are condemned or eliminated from transactions [*Ibid.*, p. 702]. Spontaneous motives and wishes alongside the exterior results of their realizations or eliminations represent the junction points of customs and will. These are core to the "customary practices [that] shape the will link" of Ramstad [1990, p. 81].[21]

21. Is it worth focusing on security of expectation, liberty and equality as fundamental driving forces? In Commons [1934a], these wishes, together with other motivations — for example, self-interest, profit seeking and rent seeking — drive individuals. Because the fundamental wishes conform with the human rights of the US Constitution and were aspired to by people who endured the social situation of the interwar period, these motivations appeared to be period-specific wishes.

However, we can confirm a case in which people were driven by these wishes. For example, the biggest trade union in modern capitalism, the German Industrial Union of Metalworkers (*IG Metall*), runs a nationwide campaign for an improvement in labour security and uncertainty [Kitagawa *et al.*, 2014].

5. From habit to custom

In this section, by first discussing Hodgson's [2003] third criticism, the circulative nature of causation is proven. Then, the cumulative nature of causation is proven. Further, through the following discussions, the framework of cumulative causation is presented.

Hodgson [2003, p. 555] indicated that Commons [1934a] did not show "how habits help 'customs persist'". However, "transaction" itself is the creation of joint expectation that starts from each individual.[22] Individuals "as prepared more or less by habit, induced by the pressure of custom, to engage in those highly artificial transactions created by the collective human will. [...] They are always participants in transactions" [Commons, 1934a, p. 74]. In the transactions, "each participant in the transaction is endeavouring to influence the other towards performance, forbearance or avoidance. Each modifies the behaviour of the other in greater or less degree" [*Ibid.*, p. 91]. Thus, certain types of joint expectations, that is, customs and going concerns, are created and start from individuals' habits [*cf.* Dewey, 1922, pp. 16–7].

Joint expectations modify from "practice" to "usage" and then "precedent", with precedent displaying clearer "precision" and "publicity" [Commons, 1934a, pp. 706–7, 709, *cf.* p. 44–5].[23] Powers that bring practices up to

Therefore, focusing on these fundamental wishes might be effective in explaining institutional change in modern capitalism.

22. Commons [1934a, Ch. IV (III) Pragmatism] refers to the process and the way in which a certain habit becomes a prevalent custom.

> But **custom is that portion of experience, feelings and expectations derived from other persons who act collectively alike**, which is education in its broadest meaning. [...] Education is the acquiring of habit by conformity to custom. And so **it is with Peirce's consensus of opinion. It is the consensus of belief by scientists** which has the force of custom in creating new habits for the individual [Commons, 1934a, p. 115].

The discussion of (III) Pragmatism ends as follows.

> He [Peirce] meant, if a *theory* "works" when **tested by experiments and verified by others**, then the *theory* is true and right, so far as present knowledge is concerned and all the known facts are included [*Ibid.*, p. 155].

We may translate "*a theory*" to a habit or a local custom. "From Habit to Custom" means that "individual bias" has become "a social consensus" through collective inquiry [*Ibid.*, p. 152].

23. This "practice" is not the practice of an individual but (customary) practice on the level of transaction, namely, joint expectation. "Repetition" and "duplication" contain "variability". While practice is raised to "usage" through repetition, this variability changes the practice and the usage gradually [*Ibid.*, pp. 44–5; *cf.*, Commons, 1950, p. 180].

usage are imitation, competition and elimination. Powers that bring usage up to precedent are approvals and sanctions by arbitrators. This method is the "common law method".

Thus, we prove that Commons [1934a] properly formulated the linkages of causation. The next point to address is whether causation is "cumulative". Obviously, habitual assumptions of judges depend strongly on cumulative precedence. Commons viewed the habitual assumptions of not only judges but also other people as depending on precedent. "Even the child appeals to precedent" [Commons, 1934a, p. 706, see also p. 717]. According to Zingler [1974, p. 333]: "the cumulative effect of collective action over time was the establishment of working rules which were codified in the legal framework of statutes and decisions of courts and administrative bodies, or in the less formal sense of prescribed behaviour of going concerns".[24] The following description indicates that Commons was aware of accumulation.[25]

> [...] We name it custom, as he intended, instead of instinct. Such instinct, he says, is "a matter of tradition out of the past, " [Commons, 1934a, p. 660; Veblen, 1914, p. 7].

> [...] we reach the present contesting concepts of reasonable value in a world that but is compelled by economic maladjustment to evolve a future *new* out of the obsolescent *old*. [...] [Motives, theories and social philosophies of actors] have with expected consequences which they wish or fear [Commons, 1934a, pp. 682–3, see also pp. 7, 90].

---

24. "Going concern" refers to any organized group that imposes certain working rules on its members, for example, family, corporation, labour union or government.

25. Commons knew of the term "cumulative causation" [1934a, p. 657], but why did he not use it willingly? The reason may be that he focused on "multiple causations" [Commons, 1934a, p. 7]. As shown by the following quotation, Commons's aim was to control limiting factors that are successive, not cumulative.

> [...] generally, in a going concern, the limiting factors are *not cumulative* at a point of time — they are *successive* during a sequence of time [*Ibid.*, p. 90].

That is why Commons rarely used the term "cumulative causation". That is, his main emphasis was not accumulation but succession of the limiting factors. Little more is mentioned about successions. Business, political or cultural concerns should maintain interactions with members, other concerns, and the natural and social environment. In order to continue, a concern tries to gain control over a situation by operating a limiting factor, namely the "strategic factor". However, of the various factors, the strategic one "in the present" changes from moment to moment. Thus, the concern merely operates a factor that "is inferred to be" strategic. Whether the factor is really strategic or not is tested when the concern operates the factor. Moreover, the factor that is really strategic is the one that changes. Thus, the quest for the strategic factor lasts a long time.

Thus, both institutions at the level of collectivity and experiences at the level of individuality (institutionalized mind) accumulate. Institutionalized mind is, on the one hand, the product of the historical cumulative process and, on the other hand, a volitional entity that evaluates these institutions and experiences at the present time [Commons, 1934a, pp. 712–3] and constitutes a joint experience with others in order to step boldly into action, even in uncertainty and conflicts. The description "pragmatism is futurity", which is difficult to understand, means, from our perspective, the process of constitution and diffusion of joint expectation in the cumulative causation derived by doubts and conflicts [Commons, 1934a, p. 152].[26]

Cumulative causation progresses experimentally to "reasonable values", which are "reasonable transactions, reasonable practices and social utility" and "reasonable capitalism" [Commons, 1934a, pp. 681, 891]. However, cumulative causation may be tautologous. The reason is that, for Commons, collective reasoning itself is "the process of habits, right ideals, true definitions, sincere investigation, reasonable classification, reasonable value, justice", "equivalent to public purpose" [Commons, 1924, p. 352; Commons, 1934a, pp. 681–3].

> The private purpose of those who make the rules becomes a public purpose when approved by the court. [...] The Supreme Court decides what is and what is not a public purpose by choosing between existing practices and customs. [...] The economic interests of all parties, immediate or remote, must be valued as a part of the whole public purpose [Commons, 1934a, pp. 712–3].

Therefore, the private purposes of individuals and going concerns and the public purpose of sovereign concerns are not *a priori* exterior factors of causation. These have been created collectively and historically, according to changes of customs and consequences of collective reasoning.

The cumulative causation between habitual assumptions and customs is, in terms of reinforcement of multiple variables, causation between expansion of "security, liberty and equality" in the institutionalized mind [Commons, 1934a, p. 706] and institutions which may be "made reasonable instead of oppressive, confiscatory or exploitative" [Commons, 1934a, p. 672]. Figure 3

26. Futurity is the psychology of valuing facts in the present based on expected consequences [Commons, 1950, p. 105; *cf.*, Fajnzylber *et al.*, 1998, pp. 23–7]. It indicates that "here is an [expected] *effect* that *precedes* its *cause*" that is valuing and action at present [Commons, 1950, p. 105]. While from the subjective perspective of the psychology of an actor, the flow of cause and effect seems to reverse, when we see this psychology as part of circular causation, it is obvious that joint expectation (institution) precedes valuing and action.

shows cumulative causation in Commons [1934a]. Moreover, investigation, conflict and futurity are not shown in the figure; however, they relate to this framework as follows. Conflicts and unintended consequences comprise the momentum of investigation, that is, they are the triggers by which intellect is activated. Futurity is the psychology of the institutionalized mind bargaining at the present time based on institutions (joint expectations). Sovereignty, on the one hand, is the entity that selects institutions and assumes a role as part of working rules, that is, laws. Sovereignty directs the actions of citizens and going concerns toward socially desirable consequences. Further, it has a role that induces citizens to play a part in social governance by protecting, authorizing and enabling them [Kitagawa, 2016].

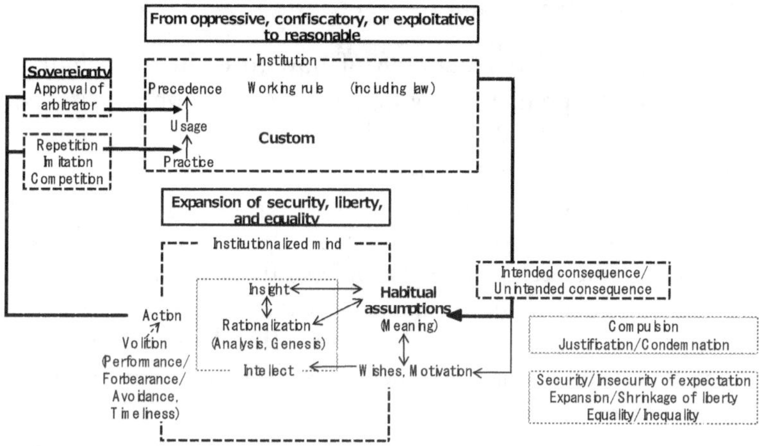

(Source: Compiled by the author)

Figure 3. Framework of Cumulative Causation in Institutional Economics

Note: This figure is based on the discussion of the psychological foundation in IE [Ch. X]. With regard to the mental process of scientific activity in Ch. II (III) "Ideas", see Ramstad [1986, p. 1082, Figure 3]. With regard to cumulative causation in the dynamics of the macro economy, see Uni [2013, p. 21, Figure 1].

Figure 3 is simply a model. To be precise, we should not see cumulative causation shown in Commons [1934a] as a "single" circular ring. Causation is constituted by the sovereign concern, various economic and cultural concerns, and the "citizens" of each concern. The peak of the pyramid of the valuing system is the sovereign concern. Cumulative causation is, in fact, "pluralism" and "hierarchy" between various concerns, between concerns and citizens, and between citizens [Commons, 1950, p. 75; 1998, pp. 100–1].

Understanding it from a dynamic perspective, it is a chain or accumulation of "inter-relational" effects [Dubouchet, 2003, p. 85].[27]

6. Cumulative causation and reasonable values

This section addresses the following problem in order to connect cumulative causation and Commons's key concept of "reasonable values". When an individual feels his way in uncertainty and conflicts, what are his footholds and how do we evaluate his steps as "progressive"? With regard to the former question, he has two "footholds". One is "insight", that is, creative reasoning for problem solving. The second comprises institutions as instruments, that is, constituent "joint expectation".

With regard to the latter question of how to evaluate an individual's steps as progressive, "progress" may be given to an action that is based on the framework and procedure; "equal opportunity", "fair competition", "equality of bargaining power" and "due process of law". The due process of law is, simply stated, to inquire collectively based on procedures defined in working rules [Commons, 1924, p. 352; 1934a, pp. 681–3]. The actions that fulfil these requirements express "progress", that is, "reasonable practice", and the consequences of the actions are "reasonable values", whether the consequences are intended or unintended. Therefore, reasonableness is judged based not on certain consequences but on the actions fulfilling the abovementioned requirements.

With regard to these requirements, the due process of law should be discussed in depth because it compresses political, economic and ethical norms into reasonable value in accordance with cumulative causation. Further, this issue is overlooked not only by Hodgson [2003] but also by Ramstad [1990].

The due process of law has two meanings, namely "procedural" due process and "substantive" due process [*cf.*, Commons, 1924, pp. 331–42]. Compliance with *procedural* due process means that when a going concern, which is based on a procedure given in a working rule, leads to a decision that affects the property of a member, the member has an opportunity to plead. *Substantive* due process means that the working rule itself is the focus

27. Therefore, cumulative causation shown in this article resembles Dewey's meaning of "trans-action". On the contrary, the "transaction=*trans*-action" of Commons [1934a, p. 73] may be close to Dewey's "inter-action" [Commons, 1925, p. 266; Dewey and Bentley, 1949, especially p. 101, n. 8].

of collective reasoning based on the present situation. Thus, substantive due process has the characteristics of democratic ethics. The issues about collective reasoning are whether the purpose of the working rule is right or wrong and whether the means for attaining the purpose are appropriate or not. Of course, the issue of ethical norms (social justice and injustice) in the present is related to such reasoning. Moreover, with regard to reasoning, the "rule of reason" is adopted. This is the way of thinking that should consider the economic advantages and disadvantages that the member who is related to the concern may receive from the collective decision.

The actors who are part of this due process are, according to Figure 3, not only sovereignty but also the institutionalized minds who are related to an economic dispute. Commons [1934a] placed value on joint weighing and the evaluation of the facts and advantages among representatives of conflicting, organized interests. Thus, collective reasoning necessarily has the characteristics of negotiation. In this process of negotiation, political, economic and ethical norms, along with the disparity of forces that relate to each norm, are compressed into, and expressed by, working rules (institutions). The institutions have different norms and form macroeconomic arrangements and arrangements of opportunities at the micro level.[28] The institutions that influence, for example, freedom of association or practices of competitive restriction have been changed substantively by reinterpretation of their roles. These institutions arrange and rearrange the bargaining powers and opportunities of buyers and sellers. The economic consequence of a transaction conducted in accordance with these arrangements is reasonable value.

In this regard, the meaning of "reasonableness" should be discussed further. According to Commons [1934a, p. 860], there are two meanings for reasonableness: "ordinary" and "upper practicable limit of idealism". The method of establishing working rules produces the difference. The former meaning refers to customs that courts choose. The latter meaning is attained via "voluntary agreement of voluntarily organized, though conflicting, interests" [Commons, 1934a, p. 861; *cf.*, Bazzoli and Dutraive, 2014]. The concrete form that Commons imagined is "commission", for example, the "joint bargaining system" of capital and labour with the government acting as a conciliator [Commons, 1934a, p. 858]. Commons [1934a, pp. 840–75] highly valued the case in which employers and labour unions agreed to

28. With regard to the macroeconomic arrangement that forms part of the institutions, see Uni [2013]. With regard to the arrangements at the micro level decided by the institutions, see Kitagawa [2016].

diffuse best practice, which is discovered by collective investigation, through a process elaborating the draft of the Accident Compensation and Safety Law and Unemployment Compensation Law in the Wisconsin Industrial Commission. In the negotiation process, with regard to employer and labour interests and motivation, mutual understanding grew. Such a process — from investigation and negotiation to agreement and reconciliation — is expressed by Commons as "consensual idealism" [Commons, 1934a, p. 743]. Commons's deep belief in collective investigation is expressed clearly in the following.

> The definition of reasonableness [*reasonably permit*] I worked out afterwards, with my classes, during more than twenty years, as my meaning of "pragmatism". [...] Reasonableness is idealism limited by practicability. Practicability could be investigated and ascertained as actually in operation in the factories of the more progressive employers, and then the rules of the commission, sanctioned by law, could bring other employers up to the level. [...] A collectivistic theory of value derived from existing best practices, from custom, the common law, and the decision of courts, could make reasonableness "objective" and therefore capable of investigation and testimony, leading to the formation of working rules for collective action in control of individual action [Commons, 1934b, pp. 155–6].

7. Conclusion

This article verified that Commons [1934a] explained cumulative causation between "institution" and "institutionalized mind". We started by analyzing Hodgson's [2003] three criticisms of Commons. The reason why our conclusion differs from that of Hodgson [2003] is that our perspectives for reading Commons [1934a] differ. Hodgson [2003] reads Commons [1934a] from the perspective of "pragmatism" as psychology focused mainly on instinct and habits of thought. Conversely, this article reads Commons from the instrumentalist view of intellect and institution, that is, "instrumental pragmatism". In the framework of cumulative causation, this article revealed a holistic modelled picture of the relationships between Commons's key concepts: conflict, custom, habitual assumption, investigation, sovereignty, futurity and reasonable value. In Commons's institutional economics, it is the ethical subject who internalizes institutions and simultaneously has specific volition [Commons, 1950, pp. 166–8].

This article illuminated the four characteristics of cumulative causation shown in Commons [1934a]. First, conflict is an important momentum of investigation. This focal point is not confirmed in Dewey's discussion, which focused mainly on doubt and uncertainty as a momentum of inquiry. Second, as distinct from Veblen, Commons [1934a] dared not put instinct as a cornerstone of his cumulative causation because he tried to avoid bringing the capital-labour dichotomy deriving from instincts into his institutional economics. In addition, we can say that instinct is not a necessary analytical concept when one discusses the shorter time cycle of conflict and joint expectations compared to Veblen's anthropological time axis. Yet like Veblen [1898], in Commons's cumulative causation, there is no *a priori* meaning of purpose that provides an evaluation criterion. The reason is that no meaning of purpose exists outside of causation, but is created and reinterpreted inside causation. In addition, no instrument can be deducted outside of causation. Therefore, the third interim "footholds", or "instrument" of experimentalist actors are "insight" and "institution" (working rule and custom). Fourth, the action that is evaluated as "progress" or "reasonableness" is not an action bringing certain consequences, but an action based on the requirements of due process (working rules). With regard to "substantive" due process, the changing political, economic and ethical norms compress and re-compress in the context of institutions. If sovereignty directs the process properly, the institutions come close to being reasonable. Further, according to this situation of institutional change, the minds and their joint evaluation within the changing institutional environment are directed towards reasonableness. During the time in which Commons [1934a] was writing, the most appropriate meaning of the purpose of sovereignty, namely public purpose, was reasonableness, which represented "consensual idealism". It was not "idealism" that is outside of cumulative causation, but rather the "social philosophy" of experimentalists troubled by tense relations, which arise one after another through cumulative causation, between ideals and practical effects [Commons, 1913, pp. 1–13; 1934a, pp. 97–8, 107].

References

Albert, A. and Ramstad, Y. [1997]. "The social psychological underpinnings of Commons's Institutional Economics: The significance of Dewey's human nature and conduct", *Journal of Economic Issues*, 31(4), pp. 881–916.

— [1998]. "The social psychological underpinnings of Commons's Institutional Economics II: The concordance of George Herbert Mead's 'social self' and John R. Commons's 'will'", *Journal of Economic Issues*, 32(1), pp. 1–46.

Baslé, M. [2002]. "Acknowledged and unacknowledged institutionalist antecedents of *régulation* theory", in R. Boyer and Y. Saillard (eds.), *Régulation Theory: The State of the Art*, translated by C. Shread, London and New York: Routledge. (French original: *Théorie de la régulation: l'état des savoirs*, Paris: La Découverte, 1995).

Bazzoli, L. [1999]. *L'Economie politique de John R. Commons: Essai sur l'institutionnalisme en sciences sociales*, Paris: L' Harmattan.

— and Dutraive, V. [2014]. "D'une démocratie créatrice à un capitalisme raisonnable: Lecture croisée de la philosophie de J. Dewey et de l'économie de J.R. Commons", *Revue Économique*, 65(2), pp. 357–72.

Biddle, J.E. [1990a]. "The role of negotiational psychology in J.R. Commons's proposed reconstruction of political economy", *Review of Political Economy*, 2(1), pp. 1–25.

— [1990b]. "Purpose and evolution in Commons's institutionalism", *History of Political Economy*, 22(1), pp. 19–47.

— [1991]. "The ideas of the past as tools for the present: The instrumental presentism of John R. Commons", in J. Brown and D.K. v. Keuren (eds.), *The Estate of Social Knowledge*, Baltimore and London: Johns Hopkins University Press, p. 84–105.

Commons, J.R. [1913]. *Labor and Administration*, New York: Macmillan.

— [1924]. *The Legal Foundations of Capitalism*, New York: Macmillan.

— [1925]. *Reasonable Value*, Madison: Edwards Brothers, reprinted in W.J. Samuels (ed.), 2008, *Documents from F. Taylor Ostrander at Oxford, John R. Commons' Reasonable Value and Clarence E. Ayres' Last Course*, Research in the History of Economic Thought and Methodology, 26(B), Bingley: Emerald JAI, pp. 239–307.

— [1927]. "Reasonable value: A theory of volitional economics", manuscript of the Kyoto Prefectural Library, Call mark:/331.04/C85/, Material code 1102508007.

— [1928a]. "Reasonable value: A theory of concerted action", manuscript in John R. Commons Papers, Madison: Wisconsin Historical Society.

— [1928b]. "Among recent books, forms of individuality", *American Bar Association Journal*, 14, pp. 546–7.

— [1931]. "Institutional economics", *American Economic Review*, 21, pp. 648–57, reprinted in M. Rutherford and W.J. Samuels (eds.), 1996, *John R. Commons: Selected Essays*, Vol. 2, London and New York: Routledge, pp. 443–52.

— [1932]. "The problem of correlating law, economics and ethics", *Wisconsin Law Review*, 8, pp. 3–26, reprinted in M. Rutherford and W.J. Samuels (eds.), 1996, *John R. Commons: Selected Essays*, Vol. 2, London and New York: Routledge, pp. 453–73.

— [1934a]. *Institutional Economics: Its Place in Political Economy*, New York: Macmillan.

— [1934b]. *Myself*, New York: Macmillan.

— [1939]. "Twentieth century economics", *Journal of Social Psychology*, 5, pp. 29–41.

— [1950]. *Economics of Collective Action*, New York, Macmillan.

— [1998]. "Investigational economics", in W.J. Samuels (ed.), *Research in the History of Economic Thought and Methodology: John R. Commons's Investigational Economics*, Archival Supplement 7, Greenwich, Connecticut, and London: JAI Press, pp. 39–326.

Costa, A.N. and Castro Caldas, J. [2011]. "Claiming choice for institutional economics", *Journal of Economic Issues*, 45(3), pp. 665–84.

Dewey, J. [1922]. *Human Nature and Conduct: An Introduction to Social Psychology*, in 1988, *The Middle Works of John Dewey, 1899–1924*, 14, Carbondale and Edwardsville: Southern Illinois University Press.

— [1929]. *The Quest for Certainty: A Study of the Relation of Knowledge and Action*, New York: Minton Balch.

— and Bentley, A.F. [1949]. "Knowing and the known", in J.A. Boydston (ed.), 1989, *John Dewey: The Later Works, 1925–1953*, 16: 1949–1952, Illinois: Southern Illinois University Press.

Dubouchet, P. [2003]. *Commons et Hayek: Défenseurs de la théorie normative du droit*, Paris: L'Harmattan.

Fajnzylber, P., Heidt, D., and Johnson, M. [1998]. "Comparison between Commons's Legal Foundations of Capitalism and Economics of Collective Action", in W.J. Samuels (ed.), *Research in the History of Economic Thought and Methodology: John R. Commons's Investigational Economics*, Archival Supplement 7, Greenwich, Connecticut, and London: JAI Press, pp. 17–35.

Geyer, D.L. [1914]. "The pragmatic theory of truth as developed by Peirce, James, and Dewey". Unpublished thesis submitted for the Degree of Doctor of Philosophy, University of Illinois.

Harter, L.G. [1963]. "John R. Commons: Conservative or Liberal?" *Western Economic Journal*, 1, pp. 226–32.

Hodgson, G.M. [2003]. "John R. Commons and the foundations of institutional economics", *Journal of Economic Issues*, 37(3), pp. 547–76.

James, W. [1890]. *Principles of Psychology*, New York: Holt.

— [1897]. *The Will to Believe and Other Essays in Popular Philosophy*, New York: Longmans.

Jennings, A. and Waller, W. [1994]. "Evolutionary economics and cultural hermeneutics: Veblen, cultural relativism, and blind drift", *Journal of Economic Issues*, 28(4), pp. 997–1030.

Jordan, E. [1927]. *Forms of Individuality: An Inquiry into the Grounds of Order in Human Relations*, Indianapolis: Charles W. Laut and Company.

Kapp, W.K. [1976]. "The nature and significance of institutional economics", *Kyklos*, 29(2), pp. 209–32.

Kitagawa, K. [2016]. "An analysis of J.R. Commons's changing views on the role of sovereignty in the political economy", *Kyoto Economic Review*, 84(1–2), pp. 2–28.

— and Uemura, A., Kousaka, H., and Tokumaru, N. [2014]. "How the industrial union of metalworkers in Germany coped with problems of temporary agency work", *Journal of Ohara Institute for Social Research*, 671(2), pp. 71–89 (in Japanese).

Mirowski, P. [1988]. *Against Mechanism: Protecting Economics from Science*, Totowa, New Jersey: Rowman & Littlefield.

Peirce, C.S. [1903]. "Pragmatism and abduction", in 1931–1935, *Collected Papers of Charles Sanders Peirce*, 5, Cambridge, Massachusetts: Harvard University Press.

— [1923]. *Chance, Love and Logic: Philosophical Essays*, New York: Harcourt, Brace & Company, Inc.

Ramstad, Y. [1986]. "A pragmatist's quest for holistic knowledge: The scientific methodology of John R. Commons", *Journal of Economic Issues*, 20(4), pp. 1067–105.

— [1990]. "The institutionalism of John R. Commons: theoretical foundations of a volitional economics", in W.J. Samuels (ed.), *Research in the History of Economic Thought and Methodology*, London: JAI Press, pp. 53–104.

— [1994]. "On the nature of economic evolution: John R. Commons and the metaphor of artificial selection", in L. Magnusson (ed.), *Evolutionary and Neo-Schumpeterian Approaches to Economics*, Boston, Dordrecht, and London: Kluwer Academic Publishers, pp. 65–121.

Rutherford, M. [1983]. "J.R. Commons's institutional economics", *Journal of Economic Issues*, 17(3), pp. 723–44.

— and Samuels, W.J., and Whalen, C.J. [2008]. "Introduction to John R. Commons's reasonable value", in W.J. Samuels (ed.), 2008, *Documents from F. Taylor Ostrander at Oxford, John R. Commons' Reasonable Value and Clarence E. Ayres' Last Course*, Bingley: Emerald JAI.

Samuels W.J. [1998]. "John R. Commons's Investigational Economics", in W.J. Samuels (ed.), *Research in the History of Economic Thought and Methodology: John R. Commons's Investigational Economics*, Archival Supplement 7, Greenwich, Connecticut, and London: JAI Press, pp. 17–35.

Taka, T. [2003]. "The place of economic man in evolutionary economics: Veblen and Commons reconsidered", *Annals of the Society for the History of Economic Thought*, 44, pp. 17–30.

— [2004]. *Gendai America Keizai Shisou No Kigen* (The Origin of Modern American Economic Thought), Nagoya: University of Nagoya Press (in Japanese).

Takahashi, S. [2009]. *J.R. Commons No Seidokeizaigaku: Seidoteki Jiyusyugi No Riron* (J.R. Commons's Institutional Economics: The Theory of Institutional Liberalism), Dissertation, Graduate School of Economics, Kyoto University, November 2009 (in Japanese).

Terakawa, R. [2014]. "John R. Commons' 'American mind': An essay on 'inconsequentiality' of Commons's theory", Japan Association for Evolutionary Economics Conference Papers, 18, pp. 394–402, 15–16 March 2014, Kanazawa University, Kanazawa (in Japanese).

Uni, H. [2013]. "J.R. Commons' theory of cumulative causation: Comparative analysis of Institutional Economics and its manuscript in 1927", Paper for European Association for Evolutionary Political Economy 2013 Conference, 7–9 November 2013, Campus of Bobigny, University of Paris 13, L'Illustration.

Veblen, T. [1899]. *The Theory of the Leisure Class: An Economic Study in the Evolution of Institutions*, New York: Macmillan.

— [1914]. *The Instinct of Workmanship: And the State of the Industrial Arts*, New York: B.W. Huebsch.

Vögelin, E. [1995]. *On the Form of the American Mind*, translated by R.H. Baton, Rouge: Louisiana State University Press (Original is 1928, *Über die Form des amerikanischen Geistes*, Tübingen: J.C.B. Mohr).

Zingler, E.K. [1974]. "Veblen vs. Commons: A comparative evaluation", *Kyklos*, 27(2), pp. 322–44.

Acknowledgment

This work was supported by JSPS KAKENHI (Grant-in-Aid for Scientific Research (B), Grant Number 26285048 and Grant-in-Aid for Research Activity Start-up, Grant Number 15H06303). I received invaluable comments about a previous version of this manuscript from Mr Bernard Chavance (Professor Emeritus at the University of Paris Diderot).

THE INFLUENCE OF MONETARISM ON FEDERAL RESERVE POLICY DURING THE 1980s

Alexandre Reichart and Abdelkader Slifi[1]

One can hardly ignore the influence of monetarism in the history of economic thought, at least since Milton Friedman received the Nobel Memorial Prize in Economics in 1976, but the question of its influence over the institutions' policies remains unresolved. The secondary literature claims that the Federal Reserve implemented a monetarist policy from 1979, but according to Friedman [1984]: "Though the Federal Reserve System's rhetoric was 'monetarist', the actual policy that it followed was antimonetarist". In this paper, we provide insight into this question by using the testimonies of Paul Volcker, by studying the archives of the Federal Reserve and thanks to data analysis. We claim that the influence of monetarism on the Fed had a double nature and that the policy of the Fed was clearly a monetarist one, but the failure of this experience explains the fact that the monetarists never considered that their ideas have been implemented.

L'influence du monétarisme sur la politique monétaire de la Réserve fédérale dans les années 1980

L'importance du monétarisme au sein de l'histoire de la pensée économique, notamment depuis l'attribution du prix Nobel de sciences économiques à Milton Friedman en 1976 n'est plus à démontrer, mais la question de son influence au sein des institutions économiques reste irrésolue. La littérature secondaire affirme que la Réserve fédérale a mis en œuvre une politique monétaire à partir de 1979. Cependant, selon Friedman [1984], "Though the Federal Reserve System's rhetoric was "monetarist" the actual policy that it followed was antimonetarist". Dans cet article, nous proposons une nouvelle interprétation à la lumière d'une analyse de données, mais également en utilisant les témoignages de Paul Volcker et en étudiant les archives de la Réserve fédérale. Nous affirmons que l'influence du monétarisme au sein de la Réserve fédérale a eu une double nature et que la politique mise en œuvre par celle-ci était clairement monétariste, mais que l'échec de cette expérience explique le fait que les monétaristes n'ont jamais considéré que leurs idées ont été appliquées.

Keywords: Monetarism, monetary policy, Federal Reserve, money supply targeting, central banking.

Mots clefs : Monétarisme, politique monétaire, Réserve fédérale, ciblage de la masse monétaire, banque centrale.

JEL classification: B29, E52, E58, N12, N22

---

1. Associated researchers at the laboratory PHARE (University of Paris 1 Pantheon-Sorbonne / CNRS). E-mail: alexandre.reichart@univ-paris1.fr and abdelkader.slifi@gmail.com.
We thank the anonymous referees for their careful reading and for their insightful and relevant suggestions, although any errors are our own.

1. Introduction

One can hardly ignore the influence of monetarism on the history of economic thought, at least since the Nobel Memorial Prize in Economic Sciences was awarded to Milton Friedman in 1976. Monetarist ideas, especially advocated by the Chicago school of economics, gained a great deal of influence, leading to what could be called a paradigm shift, making Keynesian ideas out of date.[2] As a result, the community of central bankers may have been deeply influenced by the monetarist precepts.[3] Tobin [1981, p. 30] even stated: "the central banking community embraced monetarism". According to Goodfriend [2005], "Monetary theory and policy have been revolutionized in the two decades since October 1979, when the Federal Reserve under the leadership of Paul Volcker moved to stabilize inflation and bring it down". However, according to Friedman himself [1984, p. 397], "Though the Federal Reserve System's rhetoric was 'monetarist' the actual policy that it followed was antimonetarist".

This paper analyzes the influence of monetarism on the Fed's policy during the 1980s. We focus not only on the adoption of money supply targets in setting monetary policies, but also on the way the Governors of the Federal Reserve System (FRS) define their monetary policies with reference to monetarist ideas. Such an investigation can be carried out using the testimonies of Paul Volcker, and by studying the primary sources from the FRS: we especially use the Minutes of the Federal Open Market Committee (FOMC), where the members could speak freely and in confidence about the current monetary problems and express their positions with regard to monetarism. Such archives allow us to point out the degree of acceptance of monetarist ideas in the Fed during the 1980s. In addition, our analysis of the influence of monetarist ideas in the Federal Reserve in the 1980s is reinforced by our use of the archives of the Shadow Open Market Committee (SOMC). Founded in 1973 by Karl Brunner and Allan H. Meltzer,[4] the SOMC brings together the most influential monetarist economists[5] who express

2. Modigliani claimed: "Milton Friedman was once quoted as saying, 'We are all Keynesians, now' and I am quite prepared to reciprocate that 'we are all Monetarists' — if by monetarism is meant assigning to the stock of money a major role in determining output and prices" [Modigliani, 1977, p. 1].

3. The work of Friedman and Schwartz was still mentioned by Fed Chairman Bernanke in his decision to lower interest rates and increase money supply to stimulate the economy during the global recession that began in 2007 in the United States [Jahan and Papageorgiou, 2014, p. 39].

4. Meltzer is said to have belonged to the "hard-line monetarists", along with Bennett McCallum, William Poole and Thomas Mayer [Modigliani, 1988, p. 12].

5. With the exception of Milton Friedman.

their opinions on the economic policies implemented, and particularly on the monetary policy decisions made by the Fed. Finally, no analysis of the influence of monetarism on the Fed would be complete without looking at the statistical relationship between variables of the quantity theory of money (QTM).

In Section 2 of this paper, we investigate why what is known as the "monetarist counter-revolution" [Tobin, 1981], the "great monetarist experiment" [Pierce, 1984] or the Federal Reserve's "attempt at practical Monetarism" [Wray, 1993, p. 561] has never been regarded as monetarist by the monetarist economists themselves. We underline Friedman's criticisms and then point out the positions of the members of the SOMC with regard to Volcker's policy. Section 3 briefly sums up the monetary policy implemented from the "Volcker shock" and provides an analysis of the Federal Reserve Economic Data (FRED), highlighting the role of the velocity of money. In Section 4, we investigate FOMC members' views on monetarism. Contrary to the statement that "the Federal Open Market Committee never really embraced Monetarism" [Modigliani, 1988, p. 7], we claim that the influence of monetarism on the FOMC was twofold: a direct influence, by the adhesion of some members to monetarist ideas; and an indirect influence, because monetarist views were permanently taken into account in the determination of US monetary policy, even after 1982, at the beginning of the "gradual loss of influence" of the reserve position doctrine[6] emphasized by Bindseil [2004a, p. 31].

2. Monetarist rhetoric but antimonetarist policy?

In this section, we show that Friedman and the monetarists of the SOMC harshly criticized the Federal Reserve's monetary policy. While they did not consider the Fed's policy to be monetarist, this was not for theoretical reasons, but because of the failure of the policy implemented in 1979 and for political reasons. We emphasize that the members of the FOMC were fully aware of the reasons behind this criticism.

On 13 December 1976, in his Nobel Memorial Lecture entitled "Inflation and Unemployment", Friedman deeply criticized the Phillips curve, regarded as a cornerstone of the Keynesian corpus [Phillips, 1958].

6. All reserve quantity oriented techniques were classified as variants of an approach coined by A. James Meigs, in his PhD thesis supervised by Milton Friedman and published in 1962, as the "reserve position doctrine" [Bindseil, 2004a, p. 7].

The Nobel laureate stated that the empirical estimates of the Phillips curve relation — i.e. the Keynesian negative correlation between inflation and unemployment rates — were unsatisfactory.[7] Friedman promoted the idea of "adaptive expectations",[8] entailing a return to a Phillips curve that is actually a vertical line, with the "natural rate of unemployment" in abscissa corresponding to an unemployment rate linked to the degree of rigidity on the labour market. As a result of adaptive expectations, the monetarist framework is characterized by a renewal of the old quantity theory of money:[9] Friedman stated that an increase in the money supply will entail a proportional increase in the price levels *ceteris paribus*, and assuming an exogenous money supply and a stable money demand function [Friedman, 1974]. The velocity of money is therefore claimed to be constant in the short term, and characterized by a slow and steady decline in the long term. In the long term, expansionary monetary policy is therefore ineffective, according to the monetarist principle of the neutrality of money. In the "rules versus discretion" debate, Friedman argued in favour of strict and clear monetary rules and recommended money supply targeting. Among his proposals, the most forceful refers to the growth of the monetary aggregates: Friedman's k-percent rule states that "The stock of money [should be] increased at a fixed rate year-in and year-out without any variation in the rate of increase to meet cyclical needs" [Friedman, 1960, p. 93]. This rule implies that the central banks give up their discretionary policies and remain transparent with regard to the money supply.

Friedman recommended a growth rate of the money supply close to the natural growth rate of the real national income so that the rate of inflation would remain low [Aftalion & Poncet, 1981, pp. 102–3]. To be operational, such a rule needs a mechanism allowing for control of the aggregate money supply. Through the mechanism of the money multiplier, the aggregate

---

7. "This relation was widely interpreted as a causal relation that offered a stable trade-off to policy makers… Unfortunately for this hypothesis, additional evidence failed to conform with it. Empirical estimates of the Phillips curve relation were unsatisfactory. More important, the inflation rate that appeared to be consistent with a specified level of unemployment did not remain fixed: in the circumstances of the post-World War II period, when governments everywhere were seeking to promote 'full employment', it tended in any one country to rise over time and to vary sharply among countries" [Friedman, 1976].

8. Monetarism is a heterogeneous corpus, with notable differences between monetarism of the first generation, supported by Friedman's writings, and monetarism of the second generation, that of "rational expectations", led by Robert Lucas. See for instance Hoover [1984], or Guerrien, in Kaldor [1985a, pp. 5–16].

9. Notably pointed out by Nicole Oresme during the 14th century [Oresme, 1365], by Jean Bodin during the 16th century [Bodin, 1568] and by Irving Fisher in the beginning of the 20th century [Fisher, 1911].

money supply is actually considered to be the result of the monetary base or high-powered money, composed of banknotes and reserves, in the liabilities of the central bank. Monetarists argue that the multiplier has a sufficient degree of stability and is therefore predictable [Johannes & Rasche, 1979]. The central bank determines the prior liquidity provided to the banking system, although the second-tier banks are constrained to provide credits to companies and households proportionally to the central bank money. Friedman [1969, pp. 4–5] even compared the exogenous money supply determined by the central bank to a helicopter dropping banknotes from the sky. These are the main elements of the monetarist framework, but monetarism did not remain merely theoretical: this framework had an influence on several central banks, and especially the Federal Reserve, under the chairmanship of Paul Volcker. Like Friedman, Volcker was sceptical about the validity of the Phillips curve when he was appointed Chairman of the FRS:

> The idea associated with Keynesians of a so-called Phillips curve trade-off between unemployment and inflation did not seem to be working well. What was plainly happening over a period of time, as the monetarists emphasized, was that both unemployment and inflation were rising, and further delay in dealing with inflation would only ultimately make things worse, including the risk that any recession would be large [Volcker & Gyohten, 1992, p. 167].

Volcker recognized this monetarist influence on his monetary policy and justified such a policy for two main reasons, namely discipline and transparency:

> The change in policy was announced in early October 1979. I thought that there were two great advantages of the monetarist approach… First, it was a good way of disciplining ourselves. When we had announced that we were going to meet certain money supply targets, and not by manipulating interest rates but by working directly through the reserve base, we were committing a lot of prestige to that commitment, and it would have been very hard to rationalize a retreat. Second, it seemed to be a good device, given the spirit of the times, to convey what we were doing to the public. We said, in effect, that the United States was experiencing high inflation that needed to be dealt with and that inflation is a monetary phenomenon. Thus, we were not going to try to reduce inflation by manipulating interest rates but were instead going to go directly to the money supply [Mussa *et al.*, 1994, p. 146].

The monetarist influence on Fed policy was clearly stated by Volcker, and the statement that "inflation is a monetary phenomenon" refers directly to

Friedman's assertion.[10] The "Volcker shock" was said to be consistent with Friedman's ideas:

> Improbable as it may sound, Friedman's extraordinary proposition was firmly believed in at the turn of the last decade in a number of important countries — by Mr Volcker, the chairman of the Federal Reserve, Mrs Thatcher and her close personal advisers in England, and by leading people in other countries. Its outward expressions were the setting of "targets" for the increase in money supply... as the first priority of policy [Kaldor, 1985b, p. 10].

Volcker's policy was therefore severely criticized as being monetarist, especially by Keynesian economists such as Kaldor,[11] while others like Tobin remained moderate in their criticism.[12] More fundamentally, the monetarist view of the exogenous money supply was brought into question by the endogenous money supply approach, where the second-tier banks determine the money supply by providing credits to the economic agents, while the central bank passively refinances the banks after having fixed the key interest rate. While in 1969 Friedman compared the powerful central bank to a helicopter, one year later, Nicholas Kaldor conversely compared the central bank to a constitutional monarch, a figurehead with no real powers.[13] According to Kaldor's statement to the Radcliffe Committee in 1958, money is endogenously created and the velocity of money is unstable, and the quantity theory of money is therefore no longer relevant. The money supply is infinitely elastic with respect to the interest rate so that

10. "Inflation is always and everywhere a monetary phenomenon" [Friedman, 1963, p. 17].

11. "The 'new' policy of the Federal Reserve, formally announced by Mr Volcker, the Chairman of the Federal Reserve Board, on 6 October 1979, was to secure a slow and steady growth of the monetary aggregates M1 and M2 by varying the reserves available to the banking system through open-market operations, irrespective of the accompanying movements in the rates of interest. From that day on dramatic changes started to happen which were quite different from those expected. The money supply failed to grow at a smooth and steady rate; its behaviour exhibited a series of wriggles. The rate of interest and the rate of inflation, though both were very high at the start, soared to unprecedented heights in a very short time. By March 1980 the rate of interest rose to 18.6 percent and the rate of inflation to 15.2 percent... and a little later both were at 20 percent — which had never occurred before in the United States since the Civil War, whether in peacetime or in wartime" [Kaldor, 1985a, p. 22].

12. "Some economists, myself included, had suggested combining the announcement of a firm disinflationary monetary policy, with some variant of incomes policy, at least guideposts" [Mussa *et al.*, 1994, p. 152].

13. "More fundamentally (and semi-consciously rather than in full awareness) it may have sprung from the realization of the monetary authorities, be it the Federal Reserve or the Bank of England, that are in the position of a constitutional monarch: with very wide reserves powers on paper, the maintenance and continuance of which are greatly dependent on the degree of restraint and moderation shown in their exercise" [Kaldor, 1970, p. 9].

it can be depicted a "horizontal supply curve of money" [Kaldor, 1982, pp. 22–5]. Moreover, Kaldor's study of the level and movement of the velocity of circulation from 1958 to 1978 confirms his statement: "In some communities the velocity of circulation is low, in others it is high, in some it is rising and in others it is falling, without any systematic connection between such differences and movements and the degree of inflationary pressure, the rate of increase in monetary turnover, etc." [Kaldor, 1982, p. 78]. Minsky explained this instability by introducing the impact of financial innovation on the endogenous velocity of money:

> These markets create instruments that seem to assure both those who use and those who supply short-term financing that money will be available when needed as long as they hold appropriate assets or have good enough profit prospects. The effectiveness of this assurance depends upon financial markets functioning normally; financial innovation results in there being both asset holders and potential borrowers who depend upon the continued normal functioning of some new financial market or institution [Minsky, 1986, p. 243].

The Keynesian criticisms of the money supply targets state that such monetary control is inefficient because economic agents create financial products that are close substitutes for money, such as commercial paper and negotiable debt securities, developed during the 1980s. These financial products entail the development of quasi-money and raise the inherent difficulties of monetary control, as pointed out by Keynesian economists, but also by Frank Morris from the FOMC (see below). Since the quantity of money is endogenously created by the second-tier banks, according to opponents of monetarism, loans make deposits and the central banks only control the price of money, i.e. the interest rate, as emphasized by Moore [1988, p. 381].[14] The monetarist view of the exogenous money supply was therefore challenged by the Keynesian view, which did not have the same influence during the 1980s.

Monetarism was the most influential monetary theory of the 1980s. Some defenders of Volcker's policy still attribute the success of the disinflation

14. "Monetary endogeneity implies that central banks do not exogenously determine the quantity of credit money in existence, but rather the price at which it is supplied, that is, the short-term interest rate. The money supply is endogenously determined by market forces. Credit money is credit driven, so loans make deposits rather than the reverse… The central argument for the endogeneity of credit money may be very simply put: Banks are *price setters* and *quantity takers* in both retail loan and their deposit markets" [Moore, 1988, p. 381].

policy to Friedman's rule.[15] Paradoxically, Friedman himself considered that the policy implemented by Volcker between 1979 and 1982, controlling bank reserves, had never been a monetarist one. In 1979, in a letter facetiously dated 31 July 1912 — Friedman's own birthday, Friedman wrote to Volcker:

> Dear Paul,
> My condolences to you on your "promotion". I am delighted for the country at your accession to chairmanship but sympathize with respect difficulties you are doomed to face. You have, however, a great advantage and consolation. Your predecessors have, most unfortunately on every other count, left records that it will not be difficult to improve on [Silber, 2012, p. 148].

In some papers published during the "Volcker shock", Friedman criticized the policy undertaken by the FRS. He defined a monetarist policy in five points:

> First, the target should be growth in some monetary aggregate — just which monetary aggregate is a separate question; second, monetary authorities should adopt long-run targets for monetary growth that are consistent with no inflation; third, present rates of growth of monetary aggregates should be modified to achieve the long-run target in a gradual, systematic, and preannounced fashion; fourth, monetary authorities should avoid fine-tuning; fifth, monetary authorities should avoid trying to manipulate either interest rates or exchange rates [Friedman, 1982, p. 3].

He specified that every central banker in the world at that time agreed verbally to at least the first three points and most of them to the fourth, whereas the fifth point remained the most controversial. He distanced himself from the SOMC, stating that the resignation of the Federal Reserve's Governors at the end of any year in which the monetary targets were overshot was not feasible (see below). Friedman suggested two solutions: to put the Fed under the authority of the Secretary of the Treasury or under the direct control of the US Congress. Friedman [1983, p. 6] pointed out that the "most dramatic episode" took place on 6 October 1979 when Volcker announced the changes in the monetary policy, having come under pressure at the IMF Meeting in Belgrade. If the purpose of the new policy — lower and steadier monetary growth — was said to be "excellent" [*Ibid.*, p. 8], the execution of

15. "In 1979, Paul A. Volcker became chairman of the Fed and made fighting inflation its primary objective. The Fed restricted the money supply (in accordance with the Friedman rule) to tame inflation and succeeded. Inflation subsided dramatically, although at the cost of a big recession" [Jahan & Papageorgiou, 2014, p. 39].

the Fed's monetary policy was wrong: Friedman described an economic world characterized by violent fluctuations. He pointed out the hindrance played by the lagged reserve requirements, along with the fact that monetary growth became more variable after October 1979, with shortened gyrations. Interest rates and even economy activity followed suit, with great fluctuations over shorter periods than before the Volcker shock. Friedman underlined that the lag between changes in monetary growth and changes in economic activity, inflation and interest rates also shortened. As a result, the Federal Reserve reverted to its old operating procedures: the monetary aggregate targets were replaced with interest rate targets[16] entailing an increase of 14 per cent in M1 between July 1982 and July 1983. For Friedman: "it is not irrelevant that, if asked, 'Are you now or have you ever been a monetarist,' not a single member of the Board of Governors of the Federal Reserve System would answer 'yes'" [*Ibid.*, p. 7]. Later on, he reinforced these criticisms. Friedman [1984] stated that many observers, having misinterpreted the nature of the "Volcker shock", had described the failure of this policy as the "demise of monetarism" [Gordon, 1983].[17] But for Friedman [1984, p. 397] the Fed's *rhetoric* was monetarist, but its actual *policy* was antimonetarist: although containing growth of the monetary aggregates was a monetarist objective, a major element in the monetarist framework was to achieve a steady and predictable rate of growth of the monetary aggregates targeted.[18] Friedman asserted that the volatility of the monetary growth had tripled from October 1979 to July 1982, giving the Fed's monetary policy a "purely rhetorical character" [*Ibid.*]. He was therefore deeply critical of the "Volcker shock" and never considered the monetary policy implemented to be monetarist.

Furthermore, the monetarist economists gathered in the Shadow Open Market Committee (SOMC), under the direction of Brunner and Meltzer, closely monitored the development of US monetary policy.[19] Their support for the "Volcker shock" appeared to be short-lived and their analysis of the Fed's actions was actually deeply critical. Initially, the SOMC welcomed

16. The federal funds rate targets were implemented in the early 1970s [Schwartz, 2005, p. 350].

17. N. Kishor Kundan and Levis Kochin speak about the "death of monetarism" [Kundan & Kochin, 2007]. James K. Galbraith emphasizes that the result of the policy launched in 1979 was a "cascading disaster" and that "monetarism collapsed" [Galbraith, 2008, p. 3].

18. Schwartz emphasizes that: "For monetarists, the Fed's new procedure was a travesty of their prescription of a pre-announced steady and predictable growth of a monetary aggregate. The Fed missed its monetary target more often than it hit it" [Schwartz, 2005, pp. 350-1].

19. In 1980, the SOMC was composed of Karl Brunner, Allan H. Meltzer, H. Erich Heinemann, Homer Jones, Jerry Jordan, Rudolph Penner, Robert Rasche, Wilson Schmidt, Beryl Sprinkel and Anna Schwartz.

the new policy implemented by the FRS from October 1979, stating: "The October 6 Federal Reserve statement accepted one part of the program that this Committee has recommended for the past six years. We applaud the Fed's move toward monetary control exercised through the control of monetary aggregates."[20] Brunner [1980, p. 20] acknowledged that "Chairman Volcker offered the most explicit and clearest recognition ever presented by a high official of the Federal Reserve Board that monetary control is a necessary instrument of an anti-inflationary policy." But in March 1981, the tone had already changed because monetary growth in 1980 — the aggregate M1-B increased by 7.1% — had exceeded the target range of 4–6.5%. The SOMC therefore made three proposals:

> (1) The Federal Reserve should choose a single target rate of growth for an observable monetary aggregate of its own selection, and should announce the target publicly.
>
> (2) If the Federal Reserve misses the annual average target rate of growth by more than one percentage point, each member of the Board of Governors would submit his resignation to the President.
>
> (3) Governors may accompany their letters of resignation with an explanation of the failure to achieve the target rate of growth. The President may choose to accept the explanations instead of the resignations, and thereby, himself, accept responsibility for the policy. If the President accepts the resignations, new Governors should be chosen to fill the unexpired terms, subject to confirmation by the Senate.[21]

The SOMC's support of the FRS had evaporated. Brunner [1981, p. 79] even changed his mind about the "Volcker shock" launched in October 1979: "The meaning was not clear and subsequent elaborations by various officials hardly contributed to clarify the intent of the announcement. The observations bearing on volatile interest rates <u>and</u>[22] monetary growth made in 1980 reinforce the inherited uncertainty about the Fed's policies and policymaking." Such an opinion was shared by the SOMC,[23] which stated in March 1982 that "the Federal Reserve does not make any of the changes that would improve monetary control" and even that "no one can have any confidence in Federal Reserve statements that reaffirm its commitment

20. Shadow Open Market Committee (SOMC), 3–4 February 1980, p. 6.

21. *Ibid.*, 15–16 March 1981, p. 6.

22. Underlined by Brunner.

23. But also by Bennett T. McCallum, who states that "money stock 'targeting' as practised by the Fed has been characterized by ambiguity" [McCallum, 1984, p. 4].

to slower money growth and lower inflation."[24] The SOMC pointed out that the Fed actually targeted the daily federal funds rate instead of bank reserves and the money growth and therefore was misleading the public and Congress. They contested the fact that the development of money substitutes increased the problem of monetary control, as claimed by Anthony M. Solomon[25] in a widely publicized address. Brunner [1982a, pp. 10–11] henceforth underlined "the appearance of a change in policymaking" since October 1979 and even asserted that the framework used by the Fed was "supplemented by a standard Keynesian analysis", i.e. the monetary growth targeting entailed a great variability of interest rates and more generally that there was a trade-off between the variability of monetary growth and the variability of interest rates. A minor turning point came in September 1982, when the monetarist economists of the SOMC renewed their confidence in the FRS, due to the success achieved with regard to disinflation, stating: "We applaud the Federal Reserve's commitment and the success of its policy to reduce inflation. If the Federal Reserve continues to reduce monetary growth, inflation will continue to fall."[26] But the SOMC remained critical: Brunner [1982b, p. 14] criticized Frank E. Morris,[27] who "dramatically articulated" the problem of financial innovations for monetary control,[28] whereas H. Erich Heinemann[29] [1982, p. 65] emphasized that "the 'Keynesian Option' of trying to use easy money to induce lower interest rates is an illusion", as pointed out by Henry C. Wallich[30] in an important address during the summer of 1982.

The Fed's policy continued to come under criticism in 1983: the monetarists of the SOMC stated that "the current inflationary policy should end" and "urge[d] the Federal Reserve to improve control procedures".[31]

24. SOMC, 14–15 March 1982, p. 2.

25. President of the Federal Reserve Bank (FRB) of New York and Vice Chairman of the FOMC from 1980 to 1984.

26. SOMC, 12–13 September 1982, p. 3.

27. President of the FRB of Boston from 1968 to 1988.

28. Also underlined by Pierce: "The waves of financial innovation that occurred during the last decade and a half have complicated monetary policy because they have produced unpredictable changes in the parameters of the system... Attempts by the Federal Reserve to combat inflation raised interest rates and helped produce innovations" [Pierce, 1984, p. 394].

29. Vice President of Morgan Stanley from 1974 to 1982.

30. Member of the Federal Reserve Board of Governors from 1974 to 1986.

31 SOMC, 6–7 March 1983, p. 5.

Brunner [1983a, p. 8] no longer seemed to consider the US monetary policy to be monetarist, as he underlined "a pronounced re-affirmation of discretionary policymaking", instead of a rule of monetarist inspiration. In September 1983, he stated that "A major inflation battle had been won. But the war on inflation had meanwhile been lost" [Brunner, 1983b, p. 7] because of the substitution of explicit interest rate targeting for monetary control in the late summer of 1982, entailing the sharpest accelerations in monetary growth since World War II, from 4.5% to about 12–13% per year. In March 1984, the SOMC stated: "Current monetary actions are short-sighted and irresponsible",[32] because the Fed had abandoned monetary control and was repeating the "major mistake of the seventies", i.e. maintaining the federal funds rate in a narrow range. Such a policy was said to be procyclical, making monetary growth a function of changes in market credit demand, erratic, unplanned, and consistent with the Federal Reserve's targets only by chance. After the "Volcker shock" implemented from October 1979 to August 1982, the Fed was therefore exposed to growing criticism.

A new change in tone appeared briefly in September 1984, when the SOMC commended the Fed for having kept the growth of M1 within its pre-announced target range for 1984, welcomed the reduction in the inflation rate and applauded its management of the Continental Illinois crisis.[33] But the support was again temporary: in March 1985, the SOMC stated: "The Federal Reserve concentrates on short-term policy decisions and lurches from excessive money growth to slow growth and back to excessive money growth, with no long-term program to achieve non-inflationary money growth."[34] Brunner [1985, p. 13] spoke of the "erratic and uncertain sense of our monetary policy" and of a "random walk through history". The monetarist economists also blamed the Fed for its interventions in the exchange markets — undertaken by the main central banks from September 1984 to halt the strengthening of the US dollar —[35] seen as counterproductive and destabilizing. They stated that the control of monetary growth and the management of the exchange rate could not be implemented simultaneously.[36] In March 1986, the SOMC pointed out that

32. *Ibid.*, 11–12 March 1984, p. 6.

33. *Ibid.*, 30 September – 1 October 1984, pp. 1–2.

34. *Ibid.*, 24–25 March 1985, p. 1.

35. See Reichart [2014].

36. SOMC, 24–25 March 1985, p. 6.

these interventions increased uncertainty on exchange and interest rates.[37] The opposition to the interventions was reiterated in September 1986, when the monetarists highlighted the permanent depreciation of the dollar, which carried high risks of inflation.[38] Brunner [1987, p. 51] stated that the concerted interventions of the main central banks on the exchange markets might be useful, with the aim of moderating some prevailing political pressures, but would also entail "an indefinite series into the future of such 'policy coordinations' with a built-in longer-run inflationary bias combined with intermittent recessions". The SOMC's criticisms had become virulent by the end of the 1980s. In March 1986, the monetarists of the SOMC urged the Federal Reserve to replace interest rate targets with a control of the monetary base.[39] In September 1986, they highlighted that for more than two years the monetary base had been growing at between 8% and 9% at an annual rate, whereas they expected an inflation rate of 5% or 6% over the next several years, stating that: "Current Federal Reserve policy is irresponsible."[40] The SOMC made some vehement criticisms in March 1987, stating that "Federal Reserve actions are inflationary" and pointing out the stop-and-go policies implemented by the Federal Reserve System: "Economic growth will accelerate in 1987 in response to powerful stimulative actions by the Federal Reserve. These actions have been excessive. As a result, inflation — and ultimately another recession — now loom on the horizon."[41]

In September 1987, the SOMC welcomed the new Federal Reserve Chairman Alan Greenspan with an open letter in which they recommended major changes in three areas, namely monetary policy, internal debt and financial regulation. On the first point, the members of the SOMC criticized the faster money growth implemented by the Fed to decrease the dollar exchange rate and urged Greenspan to target an annual growth rate of the monetary base of 6%, as a first step to achieving price stability.[42] In March 1988, the SOMC pointed out that the Fed paid less attention to money growth and more to commodity prices, exchange rates and the term structure of interest rates. They claimed: "Central banks that are most successful in controlling inflation — Germany, Japan and Switzerland — use the growth

37. *Ibid.*, 16–17 March 1986, p. 6.

38. *Ibid.*, 21–22 September 1986, p. 4.

39. *Ibid.*, 16–17 March 1986, pp. 3–4.

40. *Ibid.*, 21–22 September 1986, p. 6.

41. *Ibid.*, 8–9 March 1987, p. 1.

42. *Ibid.*, 13–14 September 1987, pp. 1–4.

of money relative to output as a principal, often the principal, indicator of the inflationary force of monetary policy."[43] The monetarists therefore claimed that the monetary policy could only have a short-term effect on the exchange rate and that the Fed should ignore the dollar exchange rate. Although they briefly supported the Federal Reserve's policy, the monetarist economists of the SOMC therefore never considered US monetary policy to be monetarist and never abandoned their strong criticisms, nor did Milton Friedman.

Now we can examine why Friedman and the monetarists of the SOMC were so critical of Volcker's policy. We claim that Friedman did not want the Federal Reserve to be successful, rather for political reasons and because of his personal enmity with the Fed than for theoretical reasons. Moreover, Friedman could not recognize the Fed's policy as monetarist because of the failure of the "Volcker shock" linked to the Mexican debt crisis. According to Friedman, the only monetarist aspect might be the official rhetoric developed by the Fed during this period,[44] but Friedman's point of view appears to have been influenced by the fact that Volcker was considered a Democrat, whereas Friedman had been an adviser to Pinochet, Thatcher, Nixon and Reagan,[45] therefore close to the Republicans.[46] Volcker was absolutely clear on this point:

> I knew from Arthur Burns[47] that at the start some advisers,[48] led by Milton Friedman and the extreme monetarists, who had long carried on an intellectual crusade against the Federal Reserve, would have liked to have ended our independence, if not the institution itself. Burns was apoplectic about it. We were indeed fortunate that even in his retirement, his intellectual stature, his public standing, and his old friendships were brought to bear to keep the wilder views of some of his Republican friends at bay [Volcker & Gyothen, 1992, p. 174].

---

43. *Ibid.*, 13 March 1988, pp. 2–3.

44. See Snowdon *et al.* [1994].

45. Another important point is that relations between the Federal Reserve System and the Reagan Administration were complicated. Ronald Reagan's economic adviser Michael Mussa also criticizes Volcker's policy [Mussa *et al.*, 1994, pp. 81–164].

46. "Volcker's obsession with inflation should have made Friedman a natural ally. Instead they went to war, like the biblical clash between David and Goliath, with the five-foot, three-inch Friedman battling the six-foot, seven-inch Volcker over how to conduct monetary policy. And it was not always cordial" [Silber, 2012, p. 150].

47. Chairman of the Federal Reserve System from 1970 to 1978.

48. Of Ronald Reagan.

The idea that Friedman wished for the Fed to fail was expressed within the FOMC. This was the case during the FOMC Conference Call in June 1980, when Wallich stated: "I would like to postpone the time when we drop below our checkpoints as long as possible. I know that Milton Friedman is tremendously excited about our failing to hit our targets".[49] In July 1981, Morris claimed that a shift in the aggregates targets was required because broader aggregates targets provided fewer comments than the narrower one: "the noise factor, which is huge in M-1B, gives the monetarists a shot at us several times a year. They say the money supply is either growing too fast or too slow."[50] Lawrence K. Roos's reply[51] — "Monetarists don't shoot at other monetarists, Frank, and we're all monetarists"[52] — therefore does not seem very persuasive. J. Charles Partee,[53] while discussing the best aggregate to target in March 1982, pointed out: "after all, until he found that he didn't have so much to hit the Federal Reserve over the head with, Milton Friedman was for M2: it's only recently that he has changed to M1."[54] Volcker himself seemed sometimes to distance himself from Friedman: this was the case in November 1982, when Volcker underlined his own competencies and the fact that Friedman had to reconsider his position on the velocity of money:

> When velocity has declined for five [successive] quarters for the first time in the postwar period, something is different... I used to watch velocity figures in the '50s and I will tell you they were rising, because I used to write stories about the belief that they had risen so much they had to stop rising. And they've risen every year since then!... That shows you how great an expert I am on velocity! I remind you of Milton Friedman who, looking at a hundred years, wrote his book and said that velocity will always fall. Money is a luxury good and the most certain thing about monetary policy is that velocity is going to fall. Like all scholars he has caught up.[55]

It was also the case in July 1986: when Wayne D. Angell[56] stated, "From 1918 to 1947 V1 fell from over 4 to under 2", Volcker immediately

49. Federal Open Market Committee (FOMC), 1980, 5 June Conference Call, p. 4.

50. *Ibid.*, 1981, 6–7 July Meeting, p. 52.

51. President of the FRB of St Louis from 1976 to 1983.

52. FOMC, 1981, 6–7 July Meeting, p. 53.

53.Member of the Federal Reserve Board of Governors from 1976 to 1986.

54. FOMC, 1982, 29–30 March Meeting, p. 49.

55. *Ibid.*, 1982, 16 November Meeting, p. 38.

56. Member of the Federal Reserve Board of Governors from 1986 to 1994.

underlined, "That's when Milton Friedman wrote his great tome saying there was an inexorable secular decline in velocity", and added: "At which point it rose from 2 to 4."[57] Alan Greenspan, Chairman of the FRS from 1987 to 2006, also pointed out some of the weakness in the monetarist analysis in 1988, stating:

> If you go back to the 1960s, and especially the 1970s, my recollection is that toward the latter part of the 1970s we still had this acceleration of inflation expectations. You remember Milton Friedman used to draw the lines where the top of the highs of inflation were always successively higher and the bottoms of the lows of inflation were always successively higher. Despite that, until very late in the 1970s — I suspect really the middle of 1979 — inflation expectations never took hold.[58]

Recognition of the FRS's monetary policy as monetarist in nature undoubtedly depended on the economic success of such a policy, as pointed out by Volcker in May 1983: "If we don't have a great explosion of inflation in the next year around the world, the monetarists had better run for cover."[59] In November 1984, Partee also underlined that Friedman expected the failure of the disinflation policy implemented by the Federal Reserve, stating: "inflation expectations may have subsided over the last six months... You may remember in the spring that it wasn't hard to find outliers like Milton Friedman who thought that inflation would be at double digits by the end of this year."[60]

The Fed's policy was therefore deeply criticized by Friedman for theoretical reasons, but it clearly appears that these were not the only reasons: Friedman had always been a Fed prosecutor[61] and the members of the FOMC had been fully aware of this parameter. Moreover, the failure of the Volcker shock in 1982 explained why this policy has never been recognized as monetarist even though it was of monetarist inspiration. Another reason is provided by Bindseil [2004b, p. 222], stating that the Volckerian implementation of monetarist principles was "overly complex in its formulation of various operational and intermediate targets".

57. FOMC, 1a986, 8–9 July Meeting, p. 46.

58. *Ibid.*, 1988, 29–30 June Meeting, p. 37.

59. *Ibid.*, 1983, 24 May Meeting, p. 20.

60. *Ibid.*, 1984, 7 November Meeting, p. 15.

61. See Friedman & Schwartz [1963].

3. Implementation of the Volcker shock

In this section, we sum up the policy implemented by the Fed beginning in October 1979, and highlight that rather than a technical change, it was a significant change in the orientation of monetary policy. We emphasize its consequences for the exchange rate of the dollar, the key interest rates of the European central banks, and finally the Mexican debt crisis. We underline the Fed's inability to target the money supply, and we run an econometric analysis showing that the monetarist framework was irrelevant for the period, because of the instability of money velocity and the endogenous nature of the money supply.

After having informed his fellows at the Annual Meeting of the International Monetary Fund in Belgrade in September 1979 — particularly the German President of the Bundesbank Ottmar Emminger, who was very receptive to his ideas [Volcker & Gyohten, 1992, pp. 167–8], — Volcker launched a new monetary policy as the head of the Federal Reserve. He was influenced by monetarist ideas, and convinced to act to decrease high inflation rates. Such a monetary "revolution", managing the money supply by controlling the volume of bank reserves directly, was clearly stated by the record established by the Federal Open Market Committee on 6 October 1979:

> In the Committee's discussion of policy for the period immediately ahead, the members agreed that the current situation called for additional measures to restrain growth of the monetary aggregates over the months ahead. The members felt that growth of the aggregates at rates within the ranges previously established for 1979 remained a reasonable and feasible objective in the light of the available information and the business outlook. Given that objective, most members strongly supported a shift in the conduct of open market operations to an approach placing emphasis on supplying the volume of bank reserves estimated to be consistent with the desired rates of growth in monetary aggregates, while permitting much greater fluctuations in the federal funds rate than heretofore.[62]

The technical change in US monetary policy was justified by the FOMC. It aimed to tackle inflation, but also to influence the domestic levels of wages and prices and the exchange rate of the dollar:

> The principal reason advanced for shifting to an operating procedure aimed at controlling the supply of bank reserves more directly was that it would provide greater assurance that the Committee's objectives for monetary

62. FOMC, 1979, 6 October Meeting, Record of Policy Actions, p. 4.

growth could be achieved. In the present environment of rapid inflation, estimates of the relationship among interest rates, monetary growth, and economic activity had become less reliable than before, and monetary growth since the first quarter of 1979 had exceeded the rates expected despite substantial increases in short-term interest rates… Altogether, the System's action would tend to moderate inflationary expectations, thereby exerting a constructive influence over time on decisions affecting wages and prices in domestic markets and on the value of the dollar in foreign exchange markets.[63]

The new procedure focused on the reserves of the second-tier banks, particularly on the bank reserves net of funds loaned by the Federal Reserve under the discount procedure, called "non-borrowed reserves".

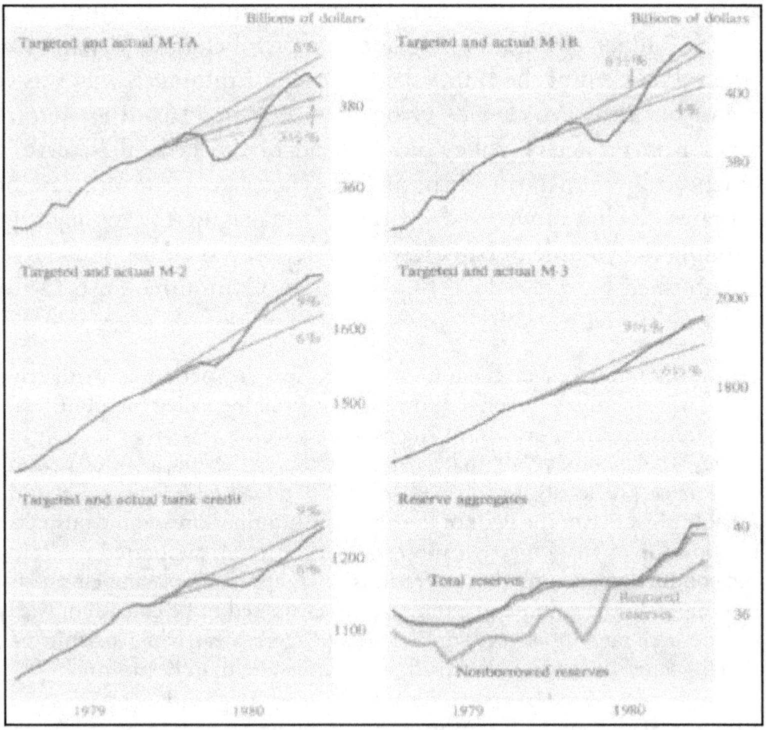

Figure 1. The US targeting policy and results, 1979–80.
Source: Board of Governors of the Federal Reserve, Annual Report, 1980, p. 17.

63. *Ibid.*, pp. 4–5.

The non-borrowed reserves on which the Fed operated its control therefore appeared in the elements followed in its targeting policy with the monetary aggregates, as shown by Figure 1. In his press conference at the Federal Reserve Building, Volcker underlined: "What will differ is that more emphasis will be placed upon a translation of those aggregates objectives, which in themselves have not changed, into their implications for the Reserve Banks for actual reserves and for non-borrowed reserves".[64] He specified that this new policy could lead to greater fluctuations in short-term US interest rates, to which less attention was paid:

> Now what is implied here is a somewhat different approach where the primary emphasis is put on the supply of reserves which ultimately controls the money supply. I don't want to suggest that the control is so precise that it works week by week or even with precision month by month. But by emphasizing the supply of reserves and constraining the growth of the money supply through the reserve mechanism, we think we can get firmer control over the growth in the money supply in a shorter period of time — greater assurance of that result. But the other side of the coin is in supplying the reserves in that manner, the daily rate in the market... is apt to fluctuate over a wider range than has been the practice in recent years. We at the Federal Reserve will take less interest, if you will, in the daily fluctuations of that very short-term rate.[65]

The new procedures implemented by Volcker in 1979 had therefore replaced Federal funds rate targeting with non-borrow reserves targeting.[66] This policy was completed on 8 February 1980 by a redefinition of US monetary aggregates. The aggregate M1 was renamed M1A without changing its definition, whereas the new aggregate M1B was defined as including M1A, but also the NOW[67] and ATS[68] accounts of the banks and thrift institutions, credit union share draft accounts, and demand deposits at mutual savings banks. M2 was redefined to be M1B plus overnight repurchase agreements (RPs) issued by the commercial banks to the non-banking sector, overnight

64. FRB of St Louis, "Transcript of Press Conference with Paul A. Volcker, Chairman, Board of Governors of the Federal Reserve System", 6 October 1979a, p. 11.

65. *Ibid.*, pp. 2–3.

66. "The new procedure was intended to supply banks with the average level of total reserves (the combination of discount window borrowing and open-market provision of non-borrowed reserves) that would produce the rate of monetary growth the FOMC desired over the period from a month before a meeting to some future month, without regard for the accompanying possible movement of the federal funds rate outside a widened range of 400 basis points" [Schwartz, 2005, p. 350].

67. Negotiable order of withdrawal accounts.

68. Automatic transfer services.

Eurodollars issued by the Caribbean branches of US banks to the non-banking US customers, money market mutual funds shares, savings deposits and small time deposits[69] in commercial banks and thrift institutions. M3 therefore included M2 plus large time deposits[70] and term RPs at commercial banks and thrift institutions, net of term RPs held by money market mutual funds. Finally, a new aggregate called L was created: it included M3 plus the non-bank public's holdings of US savings bonds, short-term treasury bills, commercial paper and bankers' acceptances.[71] Another aggregate was introduced in May 1981: M1B shift adjusted, defined to be M1B less shifts to other checkable deposits (OCD) from non-demand deposits sources. All the aggregates were redefined again in January and February 1982, and once again in February 1983.

The new regulatory procedure of the Federal Reserve System focused on targeting the narrow monetary aggregate M1 (or M1A), because of the proximity between the bank reserves and this aggregate [Kavajecz, 1994], but the Fed tried hard to target the growth of both monetary aggregates M1 and M2 [B. Friedman, 1996, p. 43]. The change undertaken in 1979 involved targeting the inflation rate implicitly through an explicit interest rates policy [Goodfriend, 2005]. The announcement of the federal funds rate and of money supply targets thus served to control the general price level, in accordance with monetarist precepts. Defining such a policy had entailed several consequences. First of all, a very strong increase in US interest rates.[72] The federal funds rate reached its historical peak in 1982, as shown by Figure 2: rather than the technical supports pointed out, it was the orientation of US monetary policy that was clearly changing under Chairman Volcker. West German Chancellor Helmut Schmidt even complained about "the highest real interest rates since the birth of Christ".[73]

69. In the United States, small time deposits are those under USD 100,000.

70. Large time deposits are those equal to or above USD 100,000. Net of the holdings of domestic banks, thrift institutions, the US government, money market mutual funds, foreign banks and official institutions.

71. Which excludes money market mutual funds holdings of these assets.

72. Rich claims that "the Fed realized that a significant rise in interest rates was needed to eradicate inflation, but it was unsure about the size of the required increase. Money stock targets were regarded as a useful device for bringing about the required increase in interest rates" [Rich, 1987, p. 3].

73. See for instance Putnam & Bayne [1984, p. 156].

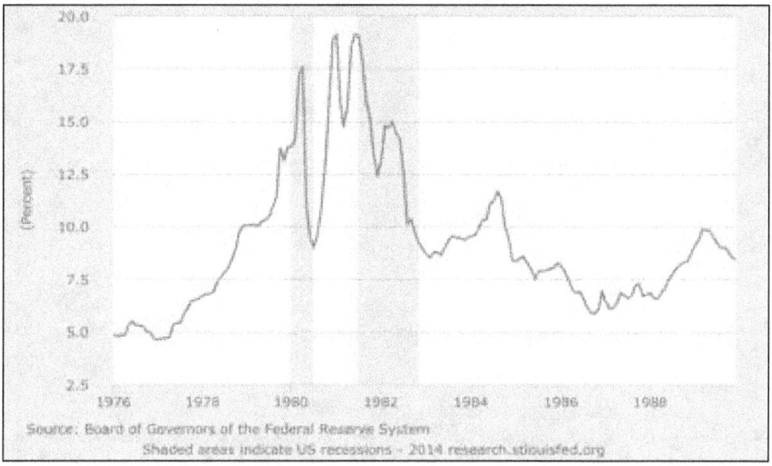

Figure 2. Effective Federal Funds Rate, January 1976 – December 1989.
Source: Federal Reserve Bank (FRB) of St. Louis, FRED.

The strong rise of the US federal funds rate thus entailed some increases in the key interest rates of the European central banks, as shown in Figure 3. The spillover effect of the "Volcker shock" was immediate and European key interest rates increased from the fourth quarter of 1979 [Bourguinat *et al.*, 1985, p. 12]. The fluctuations in US interest rates therefore triggered variations in the key interest rates of the Bank of France and the German Bundesbank, which were actually unable to implement fully independent monetary policies [Reichart, 2015].

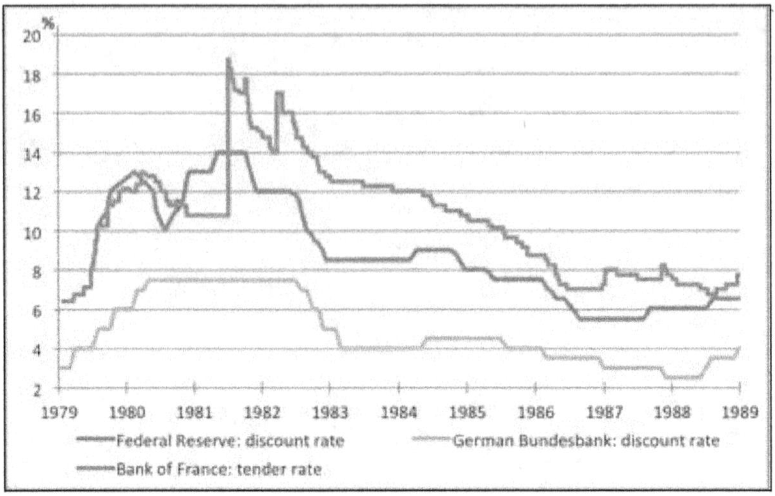

Figure 3. Key interest rates of the Federal Reserve, the German Bundesbank and the Bank of France, 1979–88. Source: Federal Reserve, German Bundesbank and Bank of France.

In addition, the "Volcker shock" had led to a large rise of the dollar on the exchange markets from 1980 until 1985, as shown by Figure 4: the dollar increased not only against the German mark, but also against all the EMS currencies. Against the French currency, the dollar rose from FRF 4.50 at the beginning of 1981 to more than FRF 10.50 at its peak in February 1985. Indeed, the greenback reached its historical peak in February 1985.

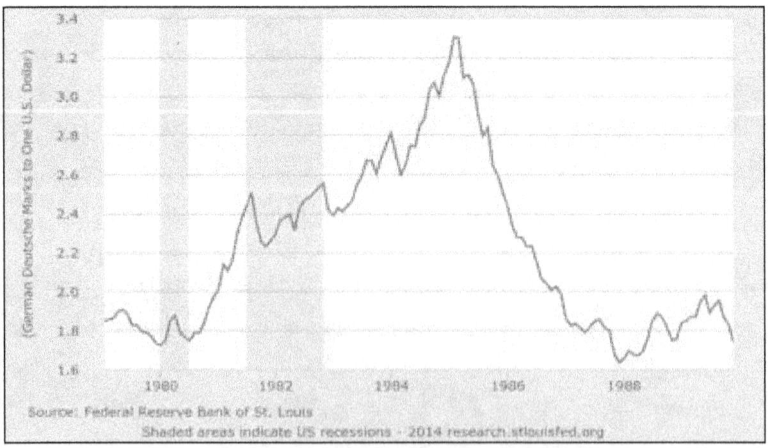

Figure 4. Germany / United States Foreign Exchange Rate, January 1979 – December 1990. Source: FRB of St Louis, FRED.

The Volcker shock was therefore a major turning point in US monetary policy and had important consequences for the US economy — i.e. an economic recession at the beginning of the 1980s — but also for the main economic powers, and finally for developing countries, as highlighted by the Mexican debt crisis that took place in August 1982. On 12 August, the Mexican Minister of Finance Jesus Silva Herzog informed Don Regan, US Secretary of the Treasury, Volcker and Jacques de Larosière, Managing Director of the International Monetary Fund, that Mexico was not able to meet its commitments. Three days later, Mexico effectively stopped the reimbursement of its debt and the United States provided a credit of USD 2 billion to Mexico. The Mexican debt crisis took the US completely by surprise, in spite of a report by the Federal Reserve's staff in April 1982, which did not receive high-level attention [Krugman *et al.*, 1994]. The Mexican net banking indebtedness sharply increased from 1975 — when it was lower than USD 20 billion — until 1982, when the debt came to USD 60 billion,[74] and the interest expense was linked to the trend in US interest rates. The developing countries had public debts whose interest rates were indexed to the three-month or six-month Eurodollar rates: the interest paid by these countries increased by 45% in 1980 and by 65% in 1981 and therefore became unsustainable [Denizet, 1984]. Mexican President José Lopez Portillo attributed the economic disturbance to a "conspiracy of the American monster" [Attali, 1993, p. 346]. The Mexican debt crisis undoubtedly played an important role in the end of the US's strictly monetarist period begun in 1979, as noted in the Annual Report of the FRS for the year 1982:

> After three months of weakness, M1 grew rapidly in August and September; growth in M2 accelerated in August from an already rapid pace but appears to have slowed markedly in September... The Federal Reserve discount rate was reduced from 10.5 per cent to 10 per cent in late August. Meanwhile, reflecting some well-publicized problems in recent months of a few banks here and abroad and the financing difficulties of Mexico, a more cautious atmosphere in private credit markets has been reflected in wider spreads between US government and some private credit instruments. The Federal Open Market Committee seeks to foster monetary and financial conditions that will help to reduce inflation, promote a resumption of growth in output on a sustainable basis, and contribute to a sustainable pattern of international transactions.[75]

74. Bank for International Settlements, Fifty-Third Annual Report, 1 April 1982 – 31 March 1983, p. 127.

75. Board of Governors of the Federal Reserve System, 69th Annual Report, 1982, p. 126.

The link between the Federal Reserve's decision to lower its discount rate on 27 August 1982 and the Mexican debt crisis therefore appeared in the Annual Report of the Federal Reserve System, whereas the overshoots of the monetary targets shown in Figure 5 called for a tightening of US monetary policy.

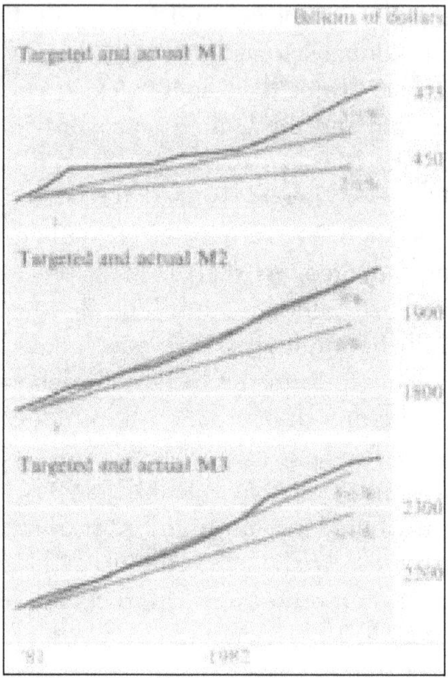

Figure 5. The targeting policy of the Federal Reserve and its results, 1981–82. Source: Board of Governors of the Federal Reserve, Annual Report, 1982, p. 19.

The role played by the Mexican debt crisis in the mitigation of US monetary policy was also underlined by Volcker himself:

> [U]nder Jimmy Carter in 1978, the defence of the dollar eventually became an important element in domestic policy. That all merged into the war on inflation at home, where I had been drafted to play a role at the Federal Reserve. One cost of that war was the highest interest rates we had ever seen, a good lesson in why we shouldn't let inflation get the upper hand. The fight against inflation complicated the Latin American debt crisis that came to a head in Mexico in 1982 and later contributed to a strong rise in the international value of the dollar [Volcker & Gyohten, 1992, pp. XIV–XV].

The Mexican debt crisis and its consequences were the main factor that led to the end of the monetary policy launched in October 1979.[76] This policy was therefore abandoned in August 1982, not for domestic reasons but rather because of its consequences on the Mexican economy, in which US banks had strong interests. The money supply targets nevertheless continued to be used throughout the 1980s. Starting from 1984, the policy implemented by the FRS was also characterized by the interventions on the exchange markets, together with the main central banks, to stop the increase and then organize the decrease of the dollar. After the "Volcker shock", US monetary policy was therefore characterized by a return to discretionary policies, but monetarism kept its influence, through money supply targeting.

Despite this remaining influence, an econometric analysis of this period allows us to underline the weakness of the monetarist framework to explain inflation developments in the United States during the 1980s. The econometric analysis of the money supply defined as M2, the velocity of money, the price level of consumption goods and real Gross Domestic Product, during the period from 1979 to 1989, given by the Federal Reserve Economic Data base, cast light onto three results.

4 Variables: M V P Y

Simple Statistics

Variable	N	Mean	Std Dev	Sum	Minimum	Maximum	Label
M	40	2150	511.94688	85993	1379	2980	M
V	40	1.81305	0.05142	72.52200	1.72300	1.93200	V
P	40	2.01078	0.99810	80.43100	0.39300	3.87200	P
Y	40	7216	735.34993	288656	6383	8611	Y

Pearson Correlation Coefficients, N = 40
Prob > |r| under H0: Rho=0

	M	V	P	Y
M	1.00000	-0.72794	0.99249	0.97042
M		<.0001	<.0001	<.0001
V	-0.72794	1.00000	-0.68665	-0.62807
V	<.0001		<.0001	<.0001
P	0.99249	-0.68665	1.00000	0.95134
P	<.0001	<.0001		<.0001
Y	0.97042	-0.62807	0.95134	1.00000
Y	<.0001	<.0001	<.0001	

Table 1. Econometric estimates.

76. Tobin states: "I hope that history will give Paul and his colleagues the praise that they deserve not only for fighting the war against inflation but also for knowing when to stop, when to declare victory. They reversed course in the summer of 1982, probably averting an accelerating contraction of economic activity in the United States and financial disasters worldwide. Many observers, knowing that the Fed takes seriously its responsibilities for financial stability, have assumed that the Mexican debt crisis and other financial threats were the main considerations in the Fed's decisions in 1982" [Mussa *et al.*, 1994, p. 152].

Firstly, we obtain very high correlation coefficients averaging 0.97 between money supply and real output, and 0.99 between money supply and price level, respectively. These observations are consistent with the quantity theory of money, according to which a change in money supply involves either a proportional variation in real output given the price level, or a proportional variation in the price level given the real output. Nevertheless, it does not mean any causality between these variables, since the Fisherian Quantity Money Equation is much more an accounting identity than a causal relation. Secondly, a correlation analysis shows coefficients averaging -0.73 between the velocity of money and the money supply, -0.63 between the velocity of money and real output, and a coefficient averaging -0.69 between the velocity of money and price level. Our results do not validate the quantity theory of money as far as this theory assumes independence between money supply and the velocity of money.

Dependent Variable: P P

Number of Observations Read	65533
Number of Observations Used	40
Number of Observations with Missing Values	65493

Analysis of Variance

Source	DF	Sum of Squares	Mean Square	F Value	Pr > F
Model	2	38.37616	19.18808	1492.81	<.0001
Error	37	0.47559	0.01285		
Corrected Total	39	38.85175			

Root MSE	0.11337	R-Square	0.9878
Dependent Mean	2.01078	Adj R-Sq	0.9871
Coeff Var	5.63833		

Parameter Estimates

Variable	Label	DF	Parameter Estimate	Standard Error	t Value	Pr > |t|
Intercept	Intercept	1	-5.06305	1.01756	-4.98	<.0001
M	M	1	0.00204	0.00005172	39.50	<.0001
V	V	1	1.47900	0.51494	2.87	0.0067

Table 2. Econometric estimates.

Thirdly, the regression gives an R-squared of 0.9878 for the following equation:

$$P = -5.063 + 0.002\ M + 1.479\ V$$

This result is not consistent with the monetarist prediction, which assumes that P is independent of V. Causality can be reversed between the price level and money supply such that:

$$M = 2774.859 + 478.116\,P - 874.996\,V$$

Dependent Variable: M M

Number of Observations Read	65533
Number of Observations Used	40
Number of Observations with Missing Values	65493

Analysis of Variance

Source	DF	Sum of Squares	Mean Square	F Value	Pr > F
Model	2	10110200	5055100	1680.57	<.0001
Error	37	111295	3007.96344		
Corrected Total	39	10221495			

Root MSE	54.84490	R-Square	0.9891
Dependent Mean	2149.83250	Adj R-Sq	0.9885
Coeff Var	2.55112		

Parameter Estimates

Variable	Label	DF	Parameter Estimate	Standard Error	t Value	Pr > |t|
Intercept	Intercept	1	2774.85925	443.09575	6.26	<.0001
P	P	1	478.11626	12.10327	39.50	<.0001
V	V	1	-874.99571	234.93368	-3.72	0.0007

Table 3. Econometric estimates.

Endogenous money makes central bankers unable to control M3, M2 and even M1 and to apply any quantitative rule. The following figures show that it is not the trend in the money supply but the velocity of money that allows the variations in real output and price levels. We observe steady growth in the money supply during the period.

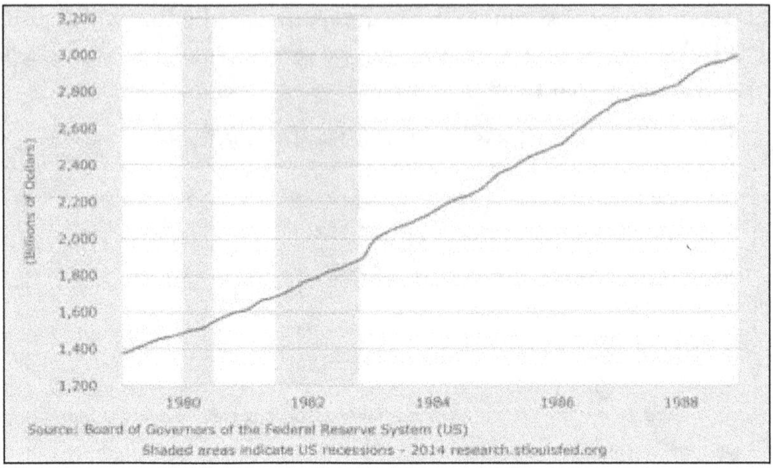

Figure 6. M2 Money Stock, 1979–89. Source: FRB of St Louis, FRED.

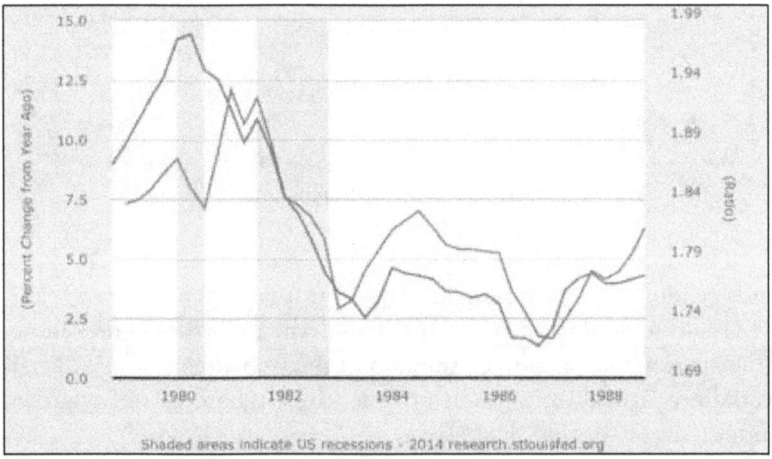

Figure 7. Velocity of M2 Money Stock (right) & Consumer Price Index for All Urban Consumers: All Items (left). Source: FRB of St Louis, FRED.

We observe a comparatively high variance in the velocity of money, such that the velocity cannot be considered a constant or even a stable parameter. The velocity of money is so unstable that the quantity theory of money is no longer an explicative theory of output or the price level.

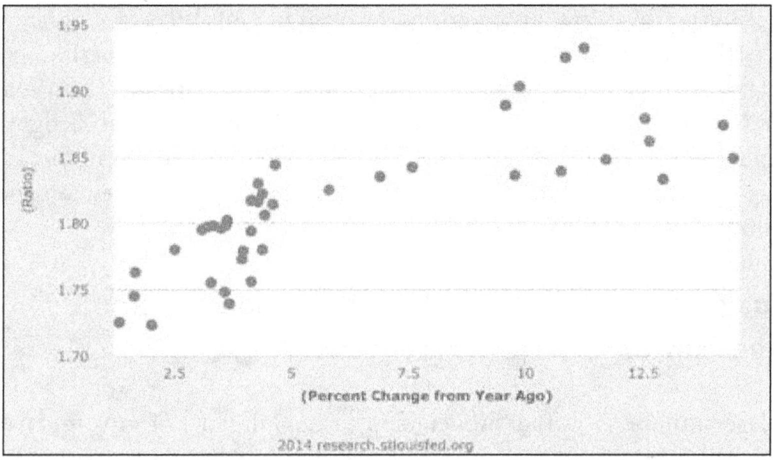

Figure 8. Velocity of M2 Money Stock & Consumer Price Index for All Urban Consumers: All Items, 1979–89. Source: FRB of St Louis, FRED.

The acceleration of the circulation of money, made possible by changes in banking rules and financial innovations, was not sufficient to avoid both brutal recession and disinflation implied by the Mexican crisis.

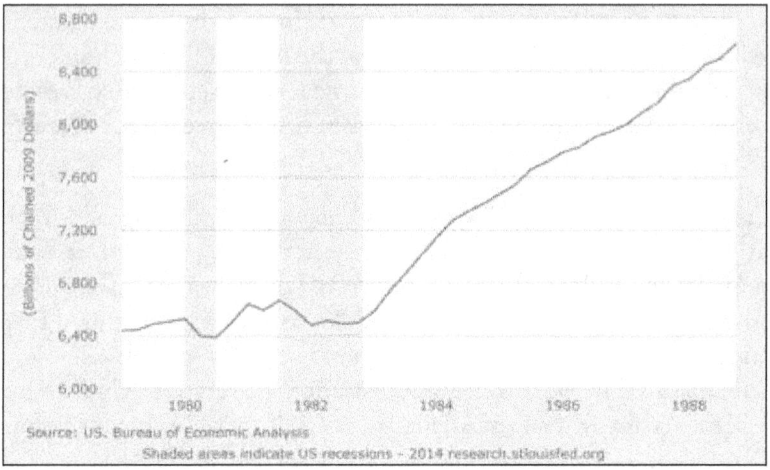

Figure 9. Real Gross Domestic Product, Quarterly, Seasonally Adjusted Annual Rate. Source: FRB of St Louis, FRED.

According to these observations, the failure of Volcker's policy was attributable to the irrelevance of Friedman's k-rule. It led practitioners to manage instruments of monetary policy more pragmatically. The Volcker shock had failed and monetarist economists had no interest in recognizing this inheritance. However, the FOMC was deeply influenced by monetarism, during but also after the Volcker shock, in spite of the statements made by Friedman and the SOMC.

4. The direct and indirect influence of monetarism on the FOMC

In this section, we show that monetarism had an influence of a twofold nature on the Federal Reserve: direct — by the adoption of the monetarist ideas by some members of the FOMC — and indirect — because monetarism was the hegemonic school of economic thought on monetary questions during the 1980s and even the members of the FOMC who were not monetarists took monetarist influence into strong consideration. The Fed's policy was therefore highly influenced by monetarism.

Since 1935, the Federal Open Market Committee has been the main organ of the Federal Reserve System, in charge of the open market operations.[77] The FOMC is composed of twelve members, including the seven members of the Federal Reserve Board, the President of the Federal Reserve Bank of New York,[78] and four of the remaining eleven Federal Reserve Bank Presidents, who serve one-year terms on a rotating basis. It is chaired by the President of the FRS, i.e. Volcker from 1979 until 1987.[79]

In the United States, Paul Volcker is known as something of a financial legend for having crossed political lines. After having worked as financial economist at the Federal Reserve Bank (FRB) of New York, at the Treasury Department and at Chase Manhattan Bank, Volcker was appointed Deputy Undersecretary of the Treasury for Monetary Affairs by President John F. Kennedy in 1963. In the Nixon Administration, he served as Undersecretary of the Treasury for Monetary Affairs from 1969 to 1974, before becoming

77. Created by the Banking Act of 1935.

78. He is a permanent member and serves as Vice Chairman of the FOMC.

79. On 6 October 1979, the FOMC was composed by Paul Volcker, John J. Balles, Robert P. Black, Philip E. Coldwell, Monroe Kimbrel, Robert P. Mayo, J. Charles Partee, Emmett J. Rice, Frederick H. Schultz, Nancy H. Teeters and Henry C. Wallich. Anthony M. Solomon was appointed President of the Federal Reserve Bank of New York on 1 April 1980.

President of the FRB of New York in 1975. He was appointed Chairman of the Federal Reserve System by Jimmy Carter in 1979, and reappointed in 1983 by Ronald Reagan. More recently, he served as Chairman of the President's Economic Recovery Board from 2009 until 2011, under Barack Obama. Known to be a Democrat, he has also served under Republican presidents. His economic ideas have been influenced by different schools of thought. Volcker's favourite author as an undergraduate was Friedrich Hayek [Silber, 2012, p. 33]. In his undergraduate thesis, he harshly criticized the Federal Reserve for having failed to tackle inflation after World War II [Volcker, 1949]. Under Nixon, who described himself as a Keynesian, Volcker contributed to the suspension of the dollar's convertibility into gold in August 1971, "the most significant single event" in his career.[80] At the head of the FRB of New York, Volcker pointed out both the benefits of the monetarist ideas, particularly the ineffectiveness of monetary policy in terms of growth and employment in the long run, and its only consequence in terms of inflation:

> There is a lot of evidence that the relation between money and prices is not very close in the short run. But there is also a hard core of truth in the central theme of the monetarist school: over time, an excess supply of money contributes nothing to employment, nor to real income, nor to real wealth, but only to inflation. In its modern dress, monetarism has also helped clear up a good deal of confusion in other respects [Volcker, 1977, p. 24].

Volcker explained that monetarism helped him to become more aware of the difference between nominal and real interest rates, defined as the return after adjustment for expected changes in purchasing power. He also underlined the greater importance given to the expectations in explaining behaviour in financial markets and in economic life generally thanks to monetarist thought and, by extension, that lenders and borrowers were able to anticipate inflation and were therefore sensitive to economic policies they interpreted as contributing to inflation and could react in unaccustomed ways. Having explained the benefits of monetarist ideas, Volcker claimed that monetarism had henceforth a deep influence on the main central banks:

> In a sense, the long run of which the monetarists speak has caught up with us. The lessons have not been lost on central banks, in the United States or elsewhere. They have responded, in their policies and policy pronouncements, by putting new emphasis on the behaviour of the

80. As he said on 7 December 2011, during the Henry Kaufman Lecture, at the Museum of American Finance.

> money supply and its related monetary aggregates. In particular, it has become the practice in the United States, in Canada, and in a number of other important countries to specify quite precisely the growth ranges, or targets… for certain monetary aggregates over a period of a year or so ahead [*Ibid.*, p. 25].

In 1977, "after two years of experience with projecting monetary growth ranges", Volcker stated that he became "increasingly convinced that this experiment in 'practical monetarism' is proving useful" [Volcker, 1977, p. 25]. When he became Chairman of the FRS, Volcker consciously implemented a monetarist-oriented policy. In January 1980, he stated in front of the National Press Club: "Our policy, taken in a long perspective, rests on a simple premise – one documented by centuries of experience – that the inflationary process is ultimately related to excessive growth in money and credit" [Brunner, 1980, p. 18]. The primary sources of the Federal Open Market Committee clearly underline such an orientation, as was the case in February 1980, during the preliminary discussion before a vote on new monetary targets when Volcker argued that the three-point range that he defended and which was approved by the members of the FOMC was the strongest worldwide, stating: "I don't know of another central bank in the world, however monetarist oriented, that has a narrower target than three percentage points."[81] Volcker was therefore well aware that the Federal Reserve was undertaking the strictest monetarist policy. Another important point is that, although not all members of the FOMC claimed to be pure monetarists, the point of view of monetarist economists was constantly taken into account by them: the influence of monetarism on the Federal Reserve System was therefore direct — because of the support of some members of the FOMC for monetarist ideas — and indirect — when monetarism appeared to be a constraint for the implementation of US monetary policy because monetarism was the most important school of economics during the 1980s. In February 1980, Henry Wallich worried about satisfying the monetarists by changing the Fed's policy, and wondered about the potential gain the central bank had "in terms of the monetarists' analysis".[82] Robert P. Black,[83] who represented the monetarist wing of the FOMC along with Lawrence Roos [Goodfriend & King, 2005, pp. 34–5], expressed a desire to quiet the monetarist criticisms.[84]

81. FOMC, 1980, 4–5 February Meeting, p. 58.

82. *Ibid.*, p. 10.

83. President of the FRB of Richmond from 1973 to 1992.

84. FOMC, 1980, 4–5 February Meeting, p. 9.

In April 1980, Volcker clearly stated that US monetary policy belonged to a monetarist framework, claiming: "people of monetarist persuasion will believe it more than others. Some people don't believe the underlying theory, so they have no reason to believe it."[85] In turn, Roos defended the target policy implemented by the FRS by referring to monetarist theory, stating that an overshoot or undershoot in the short term needed to be put into perspective and should not change the pace of US monetary policy:

> Before we feel that our inability to forecast monthly behaviour of the aggregates reflects some sort of weakness in what we're doing, I think we should keep in mind the fact that even the most ardent monetarists have never believed it is possible to control money or to avoid fluctuations on a month-to-month basis.[86]

E. Gerald Corrigan[87] also underlined the strong indirect influence of monetarists on US monetary policy, stating in December 1980: "I would hope we could keep the focus in terms of aggregates more or less where it is... I don't want to get trapped in a cage with your 200 monetarists either."[88] Friedman's ideas concerning the required reserves and the loans to commercial banks were also mentioned by Volcker and Lyle E. Gramley[89] in February 1981,[90] whereas Black argued that if the Fed were inclined to hide behind lagged reserve accounting and to use that as an excuse for not really pursuing the aggregate targets, "we'd get the monetarists off our back on that particular issue and maybe they could make some positive contribution toward improving the control mechanism."[91] If Frank Morris spoke in favour of a decrease in the federal funds range in October 1981, this was because of the dangers of monetarist ideas. He stated: "I would be very reluctant to see us repeat the mistakes of the spring of 1980 and in our monetarist zeal allow interest rates to get to levels that produce the big reactions."[92] In November 1981, a discussion took place between the members of the FOMC that undoubtedly underlined the monetarist framework of US monetary

85. *Ibid.*, 22 April Meeting, p. 11.

86. *Ibid.*, p. 8.

87. President of the FRB of Minneapolis from 1980 to 1984, and President of the FRB of New York from 1985 to 1993.

88. FOMC, 1980, 18–19 December Meeting, p. 47.

89. Member of the Federal Reserve Board of Governors from 1980 to 1985.

90. FOMC, 1981, 2–3 February Meeting, p. 62.

91. *Ibid.*, p. 60.

92. *Ibid.*, 5–6 October Meeting, p. 33.

policy: when Morris wondered whether people understood that the Federal Reserve had become "completely monetarist", Volcker answered: "I think for sure, at this point", and then Morris claimed, "Milton Friedman has finally won!"[93] The Fed claimed to undertake a monetarist-oriented policy. The implementation of such a policy nevertheless entailed some problems underlined within the FOMC, where some members remained critical. Nancy H. Teeters[94] stated that she had "a strong feeling that we're monetarists when the economy is expanding and we're interest rate targeters when it begins to collapse."[95] In December 1981, Morris pointed out the difficulties experienced by the Fed in targeting the money supply and underlined the instability of the velocity of money, contrary to the monetarist theory in which the velocity of money should gradually decrease in the long run. He asserted that:

> It is ironic that the Federal Reserve has switched to monetarism at the very time when our ability to measure the money supply has eroded dramatically and our ability to differentiate money from liquid assets is rapidly disappearing. And, therefore, the relationship between what we call money and nominal GDP, which is really what we are after, is becoming increasingly unstable... Monetarism does require that we are able to measure accurately the money supply. That is absolutely essential to the monetarist approach. And once you take the position that you can no longer differentiate money from liquid assets, you are in real trouble trying to pursue a monetarist course.[96]

A few months earlier, opening the Meeting of the FOMC in February 1981, Volcker called into question the implementation of the technique and raised the debate about the definition of the federal funds band in respect with the estimation of the multiplier:

> Presumably, the objective of this discussion is to arrive at some judgement as to whether or not we're generally satisfied with the technique that we adopted [in October 1979]... It implies judgmental adjustments in terms of the multiplier; it implies some kind of federal funds rate band... [T]here is some sense inherent in the technique, but maybe not openly stated, that the way the technique is run doesn't bounce reserves up and down very sharply depending upon what happened last week of even last month. There is some sluggishness in adjustment which in itself presumably has

93. *Ibid.*, 17 November Meeting, pp. 54–5.

94. Member of the Federal Reserve Board of Governors from 1978 to 1984.

95. FOMC, 1981, 17 November Meeting, p. 34.

96. *Ibid.*, 21–22 December Meeting, pp. 32–3.

> a short-run stabilizing effect on money market interest rates even though that is not the stated objective.[97]

Teeters shared this scepticism concerning the technique of implementation of the monetarist rules, but her point of view was based on the argument of the difficulty of estimating the credit multiplier because of its instability:

> You took USD 540 million out in the multiplier adjustment, which is greater than I've ever seen before. That must mean that you had a very unstable multiplier relationship in your initial projections that you were constantly adjusting.[98]

While he admitted the difficulties, Stephen H. Axilrod[99] considered that the multiplier was "roughly 6" and explained his technique:

> Of course we have to change this each week as we get data and we lagged reserve accounting in some sense we are always perfect on it. But the current relationship doesn't mean anything and the lagged one does. I don't recall to what extent we have to change them. We've made considerable changes, but I don't recall that as being a big source of error with the lagged reserve accounting.[100]

The relevant point of this debate is that the question raised was not about the consistency of the monetarist principles but about whether these principles were operational. The monetarist theoretical framework therefore entailed doubts within the FOMC, but also practical difficulties. The influence of monetarist economists on the Fed's policy was reaffirmed, however, during the Meeting of 30 June – 1 July 1982 of the FOMC, when Charles Partee reminded his colleagues that the federal funds rate limits had been changed exactly one year previously "under the pressure of the monetarists".[101] Volcker even read an extract from a famous book during the meeting, close to his own ideas about the holding of money by the economic agents:

97. *Ibid.*, 2–3 February Meeting, p. 1.

98. *Ibid.*, 1982, 1–2 February Meeting, p. 53.

99. Axilrod worked from 1952 to 1986 at the Board of the Governors of the Federal Reserve System and became Staff Director for Monetary and Financial Policy and Staff Director and Secretary of the Federal Open Market Committee. Together with Peter Sternlight, manager of the Federal Reserve Open Market Account at the Federal Reserve Bank of New York, he prepared the October 1979 reform. See Axilrod & Sternlight [1979] and Axilrod [2009].

100. FOMC, 1–2 February Meeting, p. 19.

101. *Ibid.*, 30 June – 1 July Meeting, p. 56.

Everybody is focused on the question of whether we have enough money and what is going on in terms of liquidity demands. I don't have anything particularly to add there. I share the general feelings that have been expressed by most people, I think. I read an analysis the other day of this kind of problem, which I'll read to you: "Other things being the same, it is highly plausible that the fraction of their assets individuals and business enterprises wish to hold in the form of money, and also in the form of close substitutes for money, will be smaller when they look forward to a period of stable economic conditions. After all, the major virtue of cash as an asset is its versatility. It involves a minimum of commitment and provides a maximum of flexibility to meet emergencies and to take advantage of opportunities. The more uncertain the future, the greater the value of such flexibility and hence the greater the demand for money is likely to be." That almost sounds like my recent testimony. But it happens to be from Friedman and Schwartz, *A Monetary History of the United States 1867 to 1960*.[102]

It appeared that the outbreak of the Mexican debt crisis — "a temporary phenomenon"[103] for the SOMC — did not change Volcker's loyalty to monetarist ideas: in October 1982, when Lawrence Roos wondered whether anyone had been able to demonstrate any reliable relationship between the growth of the broader aggregates and economic activity, the Chairman of the FRS only answered that "Milton Friedman wrote a big book on the subject."[104] Anthony Solomon pointed out that a modest decline in interest rates would undergo some questioning "not only in monetarist circles" — i.e. the hegemonic school of thought — "but more generally."[105] In July 1983, J. Robert Guffey[106] took into account the monetarists' point of view while discussing the monetary targets, stating: "an 11 per cent top suggests to anybody who chooses to figure it out — and the monetarists and market people or others will do so — about a 6-1/2 [per cent] increase for the remainder of the year. And in view of the uncertainty, that isn't unreasonable."[107] On the contrary, in November 1983, Teeters was still critical of the monetarist-inspired US monetary policy, stating: "one cost of our monetarist experiment that tends to be overlooked… was the extraordinary

102. *Ibid.*, p. 34.

103. SOMC, 6–7 March 1983, p. 5.

104. FOMC, 1982, 5 October Meeting, p. 35.

105. *Ibid.*, p. 49.

106. President of the FRB of Kansas City from 1976 to 1991.

107. FOMC, 1983, 12–13 July Meeting, p. 50.

economic cost of the volatility of the rates. The volatility of short-term rates is not all that serious, but when it was transmitted totally and completely into long-term rates it helped to destroy the long-term market. I think not only the level of the rates but the volatility of the rates was just economically unacceptable."[108] Whether or not the members of the FOMC agreed with monetarist ideas, they always referred to monetarism because the monetary policy was monetarist.

Even after the end of what is generally regarded as the US "monetarist experience" in 1982, US monetary policy was still consistent with monetarist principles, as claimed by Volcker in December 1984: "I would point out that the money supply has been steadier when we depressed its importance and the automatic responses we have given to [the aggregates]. Not so many months ago we were being praised by the monetarists for this new way we had found to keep the money supply steady."[109] The Chairman of the FRS was always sensitive to the monetarist point of view, but the influence of monetarism entailed a soft decline in the late 1980s. Volcker seemed to be mocking the monetarists in August 1985: "I'm very chary of the credibility argument… [We could have] a great increase of credibility with the monetarists in the short run if the economy plunges into recession or we have a great financial crisis."[110] In turn, Vice Chairman Corrigan asserted: "Long term, we've advanced from pragmatic monetarism to full-blown eclecticism."[111] He defined himself "by no stretch of the imagination a monetarist",[112] but monetarism still seemed to have an influence within the FOMC. If Lawrence B. Lindsey[113] underlined that the relation between the gross national product and the monetary aggregates was not as systematic as stated by the monetarists,[114] Wallich stated that the trend in the monetary aggregates was unsatisfactory and claimed: "I would go with the monetarists and say we cannot go on with the M1 and M2 growth that we have been having. That's just can go on immediately."[115]

108. *Ibid.*, 14–15 November Meeting, p. 56.

109. *Ibid.*, 1984, 17–18 December Meeting, p. 21.

110. *Ibid.*, 1985, 20 August Meeting, p. 34.

111. *Ibid.*, 1 October Meeting, p. 33.

112. *Ibid.*, 9–10 July Meeting, p. 11.

113. Associate economist of the FOMC.

114. FOMC, 1985, 16–17 December Meeting, p. 7.

115. *Ibid.*, 1986, 19 August Meeting, p. 48.

While discussing the comments on the behaviour of the money supply and of the market rates in the last Bluebook of the FRS, in July 1987, Wayne Angell pointed out: "That's not too bad. It doesn't make the monetarists angry. It doesn't make anybody angry."[116] Volcker was also concerned by reassuring "some of our monetarists",[117] whereas Vice Chair of the Federal Board of Governors Manuel H. Johnson[118] wondered: "What do you say to monetarists who have focused on M1A and tried to take out the highly sensitive interest component and still find a similar pattern… in M1 growth?"[119] and still referred to the monetarist ideas: "The only thing I can think of is that the monetarists would say that there's a lag and that to look at contemporaneous inflation and to adjust monetary policy is chasing the tail."[120] In June 1988, while discussing the monetary targets for 1989, H. Robert Heller[121] answered Chairman Alan Greenspan by referring to the monetarists, stating: "I think, Mr Chairman, that the problem will go away anyhow, now that we're getting them down to a range — you know the midpoint is 5 per cent — which Professor Friedman has always advocated as a permanent growth range from now until eternity."[122] But Corrigan was definitely distancing himself from monetarism, speaking about the "naive monetarist model" and the "naive monetarist perception of things."[123] This was also the case for Greenspan, stating in December 1989: "I must say that the P* model[124] on prices is better than any monetarist model on prices that I've seen."[125] If the influence of monetarism had been important under Chairman Volcker, its influence declined at the end of the 1980s.

The influence of monetarism on the FRS during the Volcker era was therefore of two kinds: a direct influence due to the adhesion of some

116. *Ibid.*, 1987, 7 July Meeting, p. 50.

117. *Ibid.*, p. 57.

118. Vice Chairman of the Federal Reserve Board of Governors from 1986 to 1990.

119. FOMC, 1987, 7 July Meeting, p. 58.

120. *Ibid.*, p. 60.

121. Member of the Federal Reserve Board of Governors from 1986 to 1989.

122. FOMC, 1988, 29–30 June Meeting, pp. 46–7.

123. *Ibid.*, 1 November Meeting, p. 8.

124. The P* model, used for monetary targeting, states that inflation is determined by the level of and changes in the "real money gap", defined as the deviation of current real balances from their long-run equilibrium level [Svensson, 2000].

125. FOMC, 1988, 18–19 December Meeting, p. 73.

FOMC members to the monetarist concepts, whereas the others clearly rejected these ideas; and an indirect influence whereby the FOMC members paid attention to monetarist criticisms and implemented a policy consistent with monetarism. Despite the criticisms made by Friedman and the Shadow Open Market Committee, the monetary policy implemented by the Federal Reserve during the 1980s was deeply influenced by monetarism.

5. Concluding remarks

In this paper, we provide a thorough analysis of the influence of monetarism on the Federal Reserve System in the 1980s, thanks to the use of the Fed's primary sources (especially the Minutes of the Federal Open Market Committee), the monetarist literature and Federal Reserve Economic Data. We show that Friedman and the monetarists of the Shadow Open Market Committee led by Brunner and Meltzer never recognized Volcker's policy as being monetarist, and we explain that their position was political rather than theoretical.[126] We emphasize that the members of the FOMC were fully aware of the fact that Friedman was a prosecutor of the Fed who ultimately wanted US monetary policy to fail. We show that the monetarist framework was irrelevant for this period and emphasize the role of the velocity of money to explain the trend in the US price levels and gross domestic product, rather than that of the US money supply thanks to an econometric analysis. Despite monetarists' criticisms and this irrelevant monetarist framework, we show that the monetary policy of the Federal Reserve System was deeply influenced by monetarism, due to the adhesion of some FOMC members to monetarist ideas and due to the importance of monetarism in the 1980s: even the members of the FOMC who were critical took the monetarists' points of view into account. The Fed's policy had to be implemented in conformity with monetarist ideas. The analysis of the influence of monetarism in the 1980s could be improved by focusing on the European central banks, in which quantitative target policies had been implemented from the mid-1970s and central bankers had been influenced by monetarist principles.

126. The Federal Reserve System had been a scapegoat, not only for politicians [Kane, 1980], but also for monetarist economists in the 1980s. "Through some obscurantist arguments, Monetarists are able to distance their theory from any unfavourable real-world outcome" [Wray, 1993, p. 543]: they pointed out the demise of the Federal Reserve, which was not recognized as implementing a monetarist policy, instead of accepting their own failures.

References

Aftalion, Florin & Poncet, Patrice [1981]. *Le monétarisme*, Paris: Presses Universitaires de France.

Attali, Jacques [1993]. *Verbatim, Tome I, Chronique des années 1981–1986*, Paris: Fayard.

Axilrod, Stephen & Sternlight, Peter [1979]. "Proposal for Reserve Aggregates as a Guide to Open Market Operations", *Federal Open Market Committee Transcripts*, 4 October 1979.

— [2009]. *Inside the FED: Monetary Policy and its Management, Martin through Greenspan to Bernanke*, Cambridge: MIT Press.

Bindseil, Ulrich [2004a]. "The operational target of monetary policy and the rise and fall of reserve position doctrine", *European Central Bank Working Paper Series*, 372, pp. 1–41.

— [2004b]. *Monetary Policy Implementation. Theory, Past and Present*, Oxford: Oxford University Press.

Bodin, Jean [1568]. *Réponse au paradoxe de M. de Malestroict touchant l'enchérissement de toutes choses, et le moyen d'y remédier.*

Bourguinat, Henri, Cazals, Michel & Ithurbide, Philippe [1985]. *L'entreprise française face aux variations de change: Dollar contre S.M.E.?*, Paris: Economica.

Brunner, Karl [1980]. "Shadow Open Market Committee Position Paper", *Shadow Open Market Committee, Policy Statement and Position Papers*, 3–4 February 1980.

— [1981]. "*Policymaking, Accountability, and the Social Responsibility of the Fed*", *Shadow Open Market Committee, Policy Statement and Position Papers*, 15–16 March 1981.

— [1982a]. "*The Politics of Uncertainty*", *Shadow Open Market Committee, Policy Statement and Position Papers*, 14–15 March 1982.

— [1982b]. "*The Voices of 'Failure' and the Failure of Monetary Policy-Making*", *Shadow Open Market Committee, Policy Statement and Position Papers*, 12–13 September 1982.

— [1983a]. "*Monetary Policy as a Random Walk Through History*", *Shadow Open Market Committee, Policy Statement and Position Papers*, 6–7 March 1983.

— [1983b]. "*The Politics of Myopia and Its Ideology*", *Shadow Open Market Committee, Policy Statement and Position Papers*, 18–19 September 1983.

— [1985]. "*Confusion of Language and the Politics of Uncertainty*", *Shadow Open Market Committee, Policy Statement and Position Papers*, 24–25 March 1985.

— [1987]. "*Policy Coordination and the Dollar*", *Shadow Open Market Committee, Policy Statement and Position Papers*, 8–9 March 1987.

Denizet, Jean [1984]. "L'économie américaine et le monde", *Politique étrangère*, 49(3): pp. 555–69.

Fisher, Irving [1911]. *The Purchasing Power of Money: Its Determination and Relation to Credit, Interest and Crisis*, New York: Macmillan.

Friedman, Benjamin [1996]. "The Rise and Fall of Money Growth Targets as Guidelines for U.S. Monetary Policy", *NBER Working Paper Series*, 5465.

Friedman, Milton [1960]. *A Program for Monetary Stability*, New York: Fordham University Press.

— & Schwartz, Anna [1963]. *A Monetary History of the United States, 1867–1960*, Princeton University Press.

— [1963]. *Inflation: Causes and Consequences*, New York: Asia Publishing House.

— [1969]. *The Optimum Quantity of Money*, New Brunswick: Transactions Publishers.

— [1974]. "A Theoretical Framework for Monetary Analysis", in R.J. Gordon (ed.) *Milton Friedman's Monetary Framework*, Chicago: The University of Chicago Press, pp. 1–62.

— [1976]. *Inflation and Unemployment*, Nobel Memorial Lecture, 13 December 1976.

— [1982]. "Monetary Policy: Theory and Practice", *Journal of Money, Credit and Banking*, 14(1): pp. 98–118.

— [1983]. "Monetarism in Rhetoric and in Practice", *Bank of Japan Monetary and Economic Studies*, 1(2): pp. 1–14.

— [1984]. "Lessons from the 1979–82 Monetary Policy Experiment", *American Economic Review*, 74 (2): pp. 397–400.

Galbraith, James [2008]. "The Collapse of Monetarism and the Irrelevance of the New Monetary Consensus", *Levy Economic Institute, Policy Note*, 1.

Goodfriend, Marvin [2005]. "The Monetary Policy Debate since October 1979: Lessons for Theory and Practice", *Federal Reserve Bank of St. Louis Review*, 87(2): 243–62.

— & King, Robert [2005]. "The Incredible Volcker Disinflation", *NBER Working Paper Series*, 11562.

Gordon, Robert [1983]. *"The Gordon Update": A Supplemental Newsletter for Use with Gordon's Macroeconomics*, Boston: Brown.

Jahan, Sarwat & Papageorgiou, Chris [2014]. "What is monetarism?: Its emphasis on money's importance gained sway in the 1970s", *Finance & Development*, 51(1): pp. 38–9.

Johannes, James & Rasche, Robert [1979]. "Predicting the money multiplier", *Journal of Monetary Economics*, 5(3): pp. 301–25.

Heinemann, Erich [1982]. "*Money and the Economy", Shadow Open Market Committee, Policy Statement and Position Papers*, 12–13 September 1982.

Hoover, Kevin [1984]. "Two types of monetarism", *Journal of Economic Literature*, 22(1): pp. 58–76.

Kaldor, Nicholas [1970]. "The new monetarism", *Lloyds Bank Review*, 97(1): pp. 1–18.

— [1982]. *The Scourge of Monetarism*, Oxford: Oxford University Press.

— [1985a]. *Le fléau du monétarisme*, Paris: Economica.

— [1985b]. "How Monetarism Failed", *Challenge*, 28(2): pp. 4–13.

Kane, Edward [1980]. "Politics and Fed policymaking: The more things change the more they remain the same", *Journal of Monetary Economics*, 6(2): pp. 199–211.

Kavajecz, Kenneth [1994]. "The Evolution of the Federal Reserve's Monetary Aggregates: A Timeline", *Federal Reserve Bank of St. Louis Review*, Mar.: pp. 32–66.

Krugman, Paul, Enders, Thomas & Rhodes, William [1994]. "LDC Debt Policy", in M. Feldstein (ed.) *American Economic Policy in the 1980s*, Chicago: The University of Chicago Press, pp. 691–740.

Kundan, N. Kishor, & Kochin, Levis [2007]. "The Success of the Fed and the Death of Monetarism", *Economic Inquiry*, 45(1): pp. 56–70.

McCallum, Bennett [1984]. "Monetarist rules in the light of recent experience", *NBER Working Paper Series*, 1277.

Minsky, Hyman [1986]. *Stabilizing an Unstable Economy*, New Haven: Yale University Press.

Modigliani, Franco [1977]. "The Monetarist Controversy or, Should We Forsake Stabilization Policies?", *American Economic Review*, 67(2): pp. 1–19.

— [1988]. "The Monetarist Controversy Revisited", *Contemporary Economic Policy*, 6(4): pp. 3–18.

Mussa, Michael, Volcker, Paul & Tobin, James [1994]. "Monetary Policy", in M. Feldstein (ed.) *American Economic Policy in the 1980s*, Chicago: The University of Chicago Press, pp. 81–164.

Oresme, Nicole [1365]. *De origine, natura, jure et mutationibus monetarum*, translated in *Traité des Monnaies*, 1989, Lyon: La Manufacture.

Pierce, James [1984]. "Did Financial Innovation Hurt the Great Monetarist Experiment?" *American Economic Review*, 74(2): pp. 392–6.

Phillips, William [1958]. "The relation between unemployment and the rate of change of money wage rates in the United Kingdom, 1861–1957", *Economica*, 25(100): pp. 283–99.

Putnam, Robert & Bayne, Nicholas [1984]. *Hanging Together. The Seven-Power Summits*, London: Royal Institute of International Affairs.

Reichart, Alexandre [2014]. *La politique monétaire française de 1981 à 1988: entre contrainte extérieure et enjeux politiques nationaux*, PhD thesis, Université Paris 1 Panthéon-Sorbonne.

— [2015]. "French Monetary Policy (1981–1985): A Constrained Policy, between Volcker Shock, the EMS and Macroeconomic Imbalances", *The Journal of European Economic History*, 44(1), pp. 11–46.

Rich, Georg [1987]. "Swiss and United States Monetary Policy: Has Monetarism Failed?", *Federal Reserve Bank of Richmond Economic Review*, 73(3): pp. 3–16.

Schwartz, Anna [2005]. "Aftermath of the Monetarist Clash with the Federal Reserve Before and During the Volcker Era", *Federal Reserve Bank of St. Louis Review*, 87(2): pp. 349–51.

Silber, William [2012]. *Volcker: The Triumph of Persistence*, New York: Bloomsbury Press.

Snowdon, Brian, Vane, Howard & Wynarczyk, Peter [1994]. *A Modern Guide to Macroeconomics: An Introduction to Competing Schools of Thought*, Aldershot: Edward Elgar.

Svensson, Lars [2000]. "Does the P* Model Provide Any Rationale for Monetary Targeting?" *NBER Working Papers*, 7178.

Tobin, James [1981]. "The Monetarist Counter-Revolution Today — An Appraisal", *The Economic Journal*, 91(361): pp. 29–42.

Volcker, Paul [1949]. *The Problems of Federal Reserve Policy since World War II*, Princeton University, Department of Economics.

— [1977]. "A Broader Role for Monetary Targets", *Federal Bank of New York Quarterly Review*, 2: pp. 23–8.

— & Gyohten, Toyoo [1992]. *Changing Fortunes, The World's Money and The Threat to American Leadership*, New York: Time Books.

Wray, Randall [1993]. "Money, Interest Rates and Monetarist Policy: Some More Unpleasant Monetarist Arithmetic?" *Journal of Post-Keynesian Economics*, 15(4): pp. 541–69.

À PROPOS DE L'OUVRAGE DE MICHEL DE VROEY : *A HISTORY OF MACROECONOMICS: FROM KEYNES TO LUCAS AND BEYOND*

Ludovic Julien[1]

Michel De Vroey : *A History of Macroeconomics: from Keynes to Lucas and Beyond*, New York, Cambridge University Press, 2016

Le livre de Michel De Vroey intitulé *A History of Macroeconomics: from Keynes to Lucas and Beyond* [2016] fait suite à deux ouvrages qui se situent dans la même lignée. Le premier, intitulé *Involuntary unemployment: the Elusive Quest for a Theory* [2004], porte sur la place et le statut du concept de chômage involontaire d'équilibre de Keynes dans la théorie macroéconomique contemporaine. Le second, intitulé *Keynes, Lucas : d'une macroéconomie à l'aut*re [2009], s'intéresse à l'évolution de la macroéconomie à l'aune de deux programmes de recherche dessinés par Keynes et Lucas pour la théorie macroéconomique. L'ouvrage dont il est ici question relève comme les précédents ouvrages du domaine de l'histoire des théories économiques. Dans cet ouvrage, Michel De Vroey propose une analyse synthétique de l'évolution et de la structuration logique de la théorie macroéconomique sur une période de 80 années, qui s'étend de l'année 1936 à l'après-crise de 2008. À cet effet, le texte proposé combine une lecture critique des textes fondateurs de la théorie macroéconomique avec une mise en perspective des débats théoriques qui structurent la genèse des modèles, leur développement et leur dépassement. Ce travail est l'aboutissement de nombreuses lectures et d'une réflexion qui s'étendent sur quelque 25 années, réflexion notamment étayée par des contributions scientifiques dans le domaine de l'histoire de la théorie (macro)-économique.

L'objet du livre est de retracer l'histoire de la macroéconomie de Keynes à nos jours dans une double perspective critique. D'abord, le livre se veut une critique interne de la théorie macroéconomique. En effet, il analyse la structure et la cohérence logiques des modèles, conçus comme expressions de théories, en questionnant notamment la conformité des hypothèses retenues avec les propositions effectivement obtenues. Ensuite, et surtout, l'auteur confronte les propositions issues de ces modèles au(x) problème(s) au(x)quel(s) ils sont censés répondre. En effet, ces modèles contiennent

1. EconomiX, Université Paris Ouest-Nanterre La Défense

un problème économique, explicite ou implicite, et sont « testés » sur leur aptitude à analyser et à résoudre ce problème pour lequel ils sont construits. La cohérence de la modélisation et sa conformité avec le problème en question mettent en lumière les raisons pour lesquelles certains modèles se sont imposés au détriment d'autres, donnant naissance à un nouveau paradigme, qui devient dominant puis disparaît. Au-delà des deux paradigmes identifiés par l'auteur, les modèles dont il est ici question contiennent dans leur grande majorité une interrogation centrale, un *même* problème économique. Ce problème, qui relève de la théorie économique, et qui sert de fil conducteur au livre, peut être identifié comme étant celui de l'efficacité des économies de marché décentralisées. De manière plus précise, dans quelle mesure les mécanismes à l'œuvre dans une économie de marché permettent-ils une coordination efficace des activités individuelles ? Tant l'analyse positive que l'analyse normative sont justifiées ici. Ainsi, l'étude des modalités de fonctionnement du marché n'est pas déconnectée de celle de ses défaillances éventuelles, et donc des solutions qu'elles nécessiteraient. Un enjeu de nature épistémologique sert aussi de fil conducteur au livre, celui de la logique qui sous-tend l'évolution de la modélisation macroéconomique. Ainsi, le passage d'une théorie macroéconomique à une autre se traduit-il par l'émergence d'un unique modèle général qui, par incorporation successive d'éléments auparavant absents et a priori incompatibles avec les propriétés des modèles rivaux, s'auto-immuniserait contre toute autre critique ?

Afin de traiter ces questions, qu'une première lecture de cet ouvrage laisse entrevoir, Michel de Vroey fait plusieurs choix méthodologiques. D'abord, il restreint son champ d'analyse à une classe précise de théories et de modèles. Cette classe est constituée de deux théories correspondant à deux paradigmes différents, à savoir une macroéconomie dite « keynésienne » fondée sur des modèles keynésiens, et une macroéconomie dite « DSGE » fondée sur des modèles d'équilibre général dynamique stochastique. Dans les deux configurations, il s'agit de modèles d'économies fermées, si bien que la macroéconomie internationale est exclue du champ de l'analyse. L'auteur ne s'intéresse pas non plus à l'étude de la croissance et des cycles endogènes. L'ouvrage de Keynes publié en 1936 constitue le point de départ de son investigation. La macroéconomie dite « pré-keynésienne » n'est donc pas étudiée. Les approches dites « hétérodoxes » sont aussi également délaissées. Ces dernières se situent généralement d'emblée en dehors de la critique interne en adoptant une posture de critique externe. Or, la démarche de Michel de Vroey consiste d'une part à analyser d'un point de vue logique chaque modèle d'une classe donnée, ainsi que les propositions qui en résultent et, d'autre part, à réfléchir sur la nature de la relation entre le modèle et ce qui est dans le langage courant appelé de manière imprécise et vague *la réalité*. L'auteur se concentre sur les états d'équilibre (éventuellement de nature inter-temporelle) et sur les cycles d'équilibre. La proximité des modèles d'équilibre et la relation qu'ils entretiennent avec *la réalité* empirique est aussi discutée. Les commentaires et les analyses critiques des modèles sont agrémentés de graphiques et s'appuient sur des reformulations simplifiées qui prennent la forme de petites maquettes « représentatives » (nous en avons dénombré 21). Quant aux comparaisons entre ces modèles, elles s'appuient sur une série de schémas logiques.

Le présent commentaire sera volontairement synthétique. Nous évoquons le contenu du livre, puis discutons quelques points relatifs à la démarche suivie.

1. Le contenu de l'ouvrage

Le livre comprend trois parties.

La première est intitulée « Keynes and Keynesian Macroeconomics » et retrace l'évolution du programme de recherche tel qu'il est esquissé dans la *Théorie générale* de Keynes, à savoir d'une part, démontrer la possibilité d'existence d'équilibres avec chômage involontaire, conçu comme un déséquilibre individuel, qui ne serait pas imputable à une quelconque rigidité salariale, et d'autre part, proposer un remède fondé essentiellement sur l'activation de la demande agrégée. Ce programme keynésien est discuté et critiqué à l'aune des modèles de type IS-LM (Hicks, Modigliani, Klein) et de la synthèse (Klein et Patinkin), et aussi, d'une part, des critiques de Friedman formulées à l'encontre de la courbe de Phillips, et d'autre part, de celles de Phelps qui s'articulent autour du chômage comme traduisant un rationnement involontaire, lequel se verra substituer le concept de taux de chômage naturel. L'approche des équilibres non walrassiens (Barro et Grossman, Bénassy, Drèze), qui visent entre autres à donner des fondements microéconomiques au modèle keynésien, en se fondant notamment sur les intuitions de Clower et Leijonhufvud, est aussi discutée. À l'issue de cette analyse de reconstruction de la généalogie de la macroéconomie keynésienne, Michel De Vroey conclut que ce programme de recherche n'est pas parvenu à proposer un modèle général qui fonde la possibilité d'existence d'équilibres avec rationnement où les prix et les salaires sont flexibles ; le rationnement involontaire sur le marché du travail a pour cause la rigidité salariale. Par ailleurs, eu égard aux recommandations de politiques économiques qu'ils contiennent, les fondements microéconomiques de ces modèles font, selon lui, souvent défaut.

La deuxième partie du livre traite du changement de paradigme de la théorie macroéconomique tel qu'il s'est structuré autour d'une *nouvelle* synthèse avec les modèles de type DSGE (Dynamic Stochastic General Equilibrium). Une série de six chapitres est centrée autour de l'apport de Lucas à la macroéconomie (dont trois sur ses seuls travaux), et ce, tant d'un point de vue théorique autour de l'utilisation des anticipations rationnelles en macroéconomie et du recours à l'élasticité de substitution intertemporelle pour les choix individuels (Lucas et Rapping), et de son analyse de la politique économique, que méthodologique avec l'adoption d'un modèle néo-walrassien d'équilibre général où interagissent des agents rationnels, et épistémologique au regard de l'étude du lien entre la théorie et l'idéologie. Trois autres chapitres traitent de la « Nouvelle économie keynésienne » (Fischer, Mankiw, Stiglitz et Taylor). Un chapitre intermédiaire est consacré à la théorie des défauts de coordination constituée de modèles d'interaction entre agents rationnels qui produisent des équilibres multiples ordonnés en termes de bien-être (Diamond, Howitt, Roberts). Trois autres chapitres sont consacrés à la théorie des cycles réels (Kydland et Prescott, Long et Plosser). Une attention particulière est portée à la contribution de Kydland et Prescott qui va influencer de manière déterminante la modélisation macro-économétrique. La deuxième partie relative à l'analyse du nouveau paradigme trouve comme point d'aboutissement l'analyse des modèles de type DSGE (Christiano, Eichenbaum, Evans, Gali, et Woodford) qui ont notamment pour fondements la prise en considération de la concurrence monopolistique sur le marché des produits et la réintroduction de la politique monétaire dans le débat théorique via la viscosité des prix. À l'issue de cette analyse de reconstruction de la généalogie de la macroéconomie DSGE, Michel De Vroey constate que ce programme de recherche s'est imposé en raison de la cohérence interne de ses modèles et de leur capacité à intégrer et dépasser les critiques. De surcroît, les modèles de la dernière génération ont réussi à importer des ingrédients de *réalisme* dans le débat théorique, ce que n'étaient pas parvenus à faire les modèles de cycles réels.

La troisième partie du livre est de nature plus réflexive et relève directement des domaines de la méthodologie et de l'épistémologie. Ainsi, comment analyser l'évolution paradigmatique de la macroéconomie et saisir la prééminence d'un programme de recherche sur un autre ? Dans un premier chapitre Michel de Vroey propose une classification des deux paradigmes et programmes de recherche sous l'angle de la distinction entre la conception marshallienne et la conception walrassienne du marché. Marshall et Walras ont pour point commun la théorie subjective de la valeur pour analyser les comportements individuels. De surcroît, pour ces deux auteurs l'état *normal* d'un marché est l'*équilibre* (statique) une situation dans laquelle le(s) marché(s) s'apure(nt). Néanmoins, les modèles de Marshall analysent des interactions sur des marchés isolés tandis que, chez Walras, les interactions ressortissent de l'interdépendance générale. De surcroît, la concurrence est parfaite chez Walras et possiblement imparfaite chez Marshall. Enfin, la détermination des prix et l'organisation des transactions sont centralisées chez Walras, tandis que Marshall considère un processus mental de reconstruction des grandeurs marchandes (allocations notamment) par l'information. Enfin, l'approche walrassienne vise la *cohérence interne* des modèles et l'approche marshallienne est plus centrée sur leur *pertinence externe.* Au regard de cette distinction, la théorie de Keynes et les modèles dits « keynésiens » (IS-LM, Clower, Leijonhufvud, Clower, et dans une certaine mesure Bénassy), ou monétaristes (Friedman) seraient d'essence marshallienne, et d'autres d'essence walrassienne (Patinkin, Barro et Grossman, Drèze, Lucas, Kydland et Prescott, Diamond, et Howitt). Les deux derniers chapitres proposent une réflexion sur le statut des modèles de type DSGE et sur certaines critiques portées à leur encontre (Farmer, Leijonhufvud, et les « Agents Based Models »), ainsi que sur les progrès et le devenir de la théorie macroéconomique après la crise de 2008. Le rôle joué par l'idéologie dans la théorie et la modélisation est aussi discuté.

2. Le problème économique et un enjeu épistémologique

De toute évidence, nous ne discuterons pas de tous les chapitres et de leur contenu. Nous limiterons notre commentaire à une série de points qui concernent notamment *le problème* économique et son enjeu épistémologique tels qu'ils sont identifiés dans l'ouvrage et évoqués au début de ce commentaire.

2.1. Sur le problème économique et son traitement

La méthode de Michel De Vroey consiste à lire l'évolution de la macroéconomie sous l'angle de la division Marshall-Walras. Ainsi, selon l'auteur, la « révolution » keynésienne a consisté en une extension de l'analyse marshallienne. La prise en considération de possibilités de rationnements sur certains marchés, l'intégration des phénomènes réels et monétaires (une *certaine* intégration de la monnaie dans la théorie de la valeur) comme dépassement des dichotomies passées. Dans ce contexte, les équilibres de sous-emploi avec rationnement involontaire ont pour cause une insuffisance de la demande agrégée, et justifient donc la mise en place de politiques économiques conjoncturelles (budgétaire ou monétaire). Dans ce contexte, l'idée consiste à intégrer dans le discours théorique des éléments de *la réalité* empirique, comme le chômage (involontaire) par exemple. À l'opposé, la « révolution » lucasienne s'est traduite par une modélisation empreinte de théorie walrassienne, via notamment le recours à l'optimisation (intertemporelle), les hypothèses d'apurement des marchés et d'anticipations rationnelles. Ce changement méthodologique constitue de l'avis de l'auteur un glissement de critère, avec comme objectif préalable et déterminant une recherche de *cohérence interne* des modèles théoriques.

Pour un historien des théories, l'originalité du livre tient notamment à cette distinction qui permet de mieux saisir la structuration et le changement de perspective du discours théorique, et la mise en place du modèle DSGE comme aboutissement de la description synthétique d'une économie. La démarche de Michel de Vroey nous inspire deux réflexions de nature différente. La première concerne l'application de cette grille de lecture à une certaine classe de modèles étudiée dans l'ouvrage, et qui a un lien étroit avec le problème posé. La deuxième relève de l'épistémologie.

Les modèles étudiés dans le chapitre 14 intitulé « Reacting to Lucas: alternative research lines » sont singuliers dans la mesure où ils échappent à la catégorisation proposée ; ils appartiennent à une logique autre, ce que Michel De Vroey reconnaît volontiers, même s'il identifie certaines de leurs caractéristiques comme pouvant s'intégrer dans ladite classification. Néanmoins, ces modèles sont réunis *à défaut* : la raison qui pourrait en faire une classe de modèles spécifiques n'est pas évoquée. Le modèle de concurrence imparfaite de Hart et les modèles de défauts de coordination (Diamond, Howitt, Roberts) tels qu'ils sont présentés ressortissent de deux logiques différentes. Hart [1982] étudie les conséquences du pouvoir de marché sur la détermination de l'activité, alors que les modèles d'échecs de coordination étudient l'interaction entre des agents rationnels dans des économies sans agent fictif (Diamond [1982], [1984], Roberts [1987]) ou avec un agent fictif dont le rôle est affaibli (Howitt [1985]). Rappelons que dans la théorie de l'équilibre général concurrentiel, l'agent fictif assure la détermination des prix via le tâtonnement et organise les transactions via un système centralisé de comptes[2]. La concurrence parfaite prévaut[3].

Les modèles de défauts de coordination montrent que, malgré la complétude des marchés et l'absence de rigidité des prix, il peut exister une multiplicité d'équilibres ordonnés en termes de bien-être, la cause de l'inefficacité des équilibres étant due à une insuffisance de la demande agrégée. Selon Michel De Vroey, ces modèles appartiendraient au programme de recherche néo-walrassien, mais s'en démarqueraient en raison du fait qu'ils possèdent des technologies de transaction relevant de la théorie de la *prospection* pour laquelle la chambre de compensation walrassienne ne fait pas sens. Néanmoins, le modèle avec coûts de transaction d'Howitt [1985] est un modèle néo-walrassien dans lequel les prix sont criés et où les coûts de transaction sont liés à la taille du marché ; des signaux quantitatifs d'offres agrégées sont intégrés dans les plans individuels sans préciser la manière dont les transactions s'effectuent. De plus, les modèles de prospection de Diamond [1982], [1984] conçoivent la production et les rencontres comme des processus stochastiques. Si la technologie de rencontres (à rendements croissants) est modélisée, les échanges ne le sont pas, car dès que deux individus possédant une noix de coco se rencontrent, ils échangent automatiquement à des prix unitaires donnés. Les prix peuvent être déterminés de manière monopolistique [1982] (voir la section 5, page 887) ou par négociation de manière centralisée [1984] (voir la section 6 page 7). À notre connaissance, le modèle de Roberts [1987] est le premier modèle macroéconomique de défauts de coordination avec des rationnements involontaires dans lequel la détermination des prix (flexibles) et la réalisation des échanges sont décentralisées. Il s'agit d'un jeu sous forme extensive à trois étapes avec interdépendance entre deux secteurs : les interactions stratégiques prévalent au sein de chaque secteur et entre les deux secteurs. Les prix et les salaires sont déterminés de manière stratégique et les échanges sont décentralisés. Le lecteur trouvera une description de ce modèle dans le chapitre 14 de l'ouvrage.

Les modèles du chapitre 14 illustrent, selon nous, l'idée selon laquelle *l'hypothèse de concurrence parfaite est incompatible avec un univers marchand*

2. Chez Lucas notamment, la flexibilité des prix « remplace » la métaphore de l'auctioneer.

3. Il n'existe pas de lien logique entre la concurrence parfaite et la présence d'un auctioneer : d'une part, il y a un secrétaire de marché chez Cournot, et d'autre part, la concurrence parfaite peut prévaloir comme résultat d'équilibre dans des économies composées d'agents non atomiques.

dans lequel la détermination des prix et la réalisation des transactions sont décentralisées[4]. À ce titre, le cadre d'analyse proposé par Cooper et John [1988] est exemplaire. Ce jeu illustre les propriétés communes de ces modèles (voir aussi Bryant [1983]). Ainsi, les défauts de coordination sont associés à la présence de complémentarités *stratégiques* et d'effets de report. Les complémentarités stratégiques constituent une condition nécessaire à l'existence d'une multiplicité d'équilibres, tandis que les effets de report ordonnent les paiements des joueurs[5]. *Dans ces conditions, la référence commune de ces modèles, en dehors de celui d'Howitt, n'est ni Marshall ni Walras, mais Cournot.* Ceci signifie que le concept d'équilibre stratégique naturel est l'équilibre de Nash (parfait en sous-jeu ici), et qu'une nouvelle classification, donnant lieu à un nouveau programme de recherche, peut éventuellement s'imposer.

Une réflexion de nature épistémologique sous-tend la distinction faite par Michel De Vroey. Par épistémologie, nous entendons l'activité qui consiste à étudier les processus par lesquels les présupposés implicites de la science sont révélés. Ainsi, l'auteur propose aussi un exercice métathéorique sur la macroéconomie. De par sa démarche, l'auteur tente de mettre en lumière la philosophie implicite et non exprimée de la pensée scientifique des macro-économistes. Quelques précisions s'imposent quant au concept d'épistémologie afin de saisir ce point. Dans son ouvrage intitulé *De l'explication dans les sciences*, Meyerson établit trois présuppositions. D'abord, le scientifique ne se contente pas de la description des faits qu'il cherche à expliquer, il cherche à en déterminer la cause. Ensuite, il doit identifier *le critère* qui le satisfait dans la recherche de la cause ; quand a-t-il trouvé l'explication ? Finalement, le scientifique croit en la réalité objective des phénomènes, ici économiques, qu'il étudie. Au regard des deux premiers critères, la dichotomie Marshall-Walras explique bien l'évolution de la théorie macroéconomique, à savoir le problème général de la coordination efficace des activités individuelles sur les marchés, et aussi la cohérence interne des modèles censés en rendre compte. Sur le dernier point, la démarche de Michel De Vroey soulève un problème plus difficile, celui de la relation entre la théorie/modélisation et *la réalité* empirique. Pour la comprendre, l'on peut se référer à un auteur comme Neurath, qui dans son article de 1935 intitulé « Pseudo-rationalisme de la falsification » défend l'idée selon

4. Les modèles de prospection monétaire qui modélisent les échanges utilisent généralement des technologies de rencontres à rendements constants et les prix sont déterminés via un processus de négociation stratégique. Les interactions sont stratégiques et les équilibres sont des équilibres de Nash.

5. Dans le modèle de Hart [1982] les complémentarités stratégiques existent, mais ne sont pas suffisamment puissantes pour engendrer une multiplicité d'équilibres.

laquelle il n'est pas rigoureux (et il ne fait pas sens) de confronter, comme le prescrit la logique poppérienne, une proposition à un fait du monde (ici un fait de la vie économique) ou avec *la réalité*. En effet, deux types différents de propositions seraient à confronter, d'une part les propositions issues du modèle théorique qui produit des conclusions logiques sur la base d'hypothèses et/ou d'axiomes, et d'autre part des propositions d'une autre nature, issues d'un autre modèle, que l'on pourrait qualifier de *modèle empirique*, dont la connexion avec *la réalité* n'est pas *immédiate*. Ce dernier revêt la forme d'un modèle expérimental qui produit des propositions logiquement obtenues à partir d'hypothèses empruntées, à titre d'exemple, à des *faits stylisés* ou à des données statistiquement organisées (protocole expérimental). Si l'on admet ceci, dans quelle mesure les modèles de type marshallien – dont la vocation est la pertinence empirique – et les modèles walrassiens – dont la vocation est la cohérence logique – appartiennent-ils à deux univers si séparés ? Au-delà de la représentation du marché et des objectifs assignés aux deux prototypes, les deux types de modèle sont conçus comme deux représentations simplifiées de *la réalité* complexe.

2.2. Sur la relation entre théorie, modèle et idéologie

Le livre contient une autre question épistémologique, évoquée en fin d'ouvrage, celle du lien entre la théorie et l'idéologie. Par théorie, nous entendons un ensemble de principes abstraits qui ont pour objectif d'unifier, sous la forme de théorèmes ou de propositions, des concepts afin d'expliquer certains aspects d'un phénomène de la *réalité*. Par modèle, nous entendons une représentation mathématique simplifiée de la réalité fondée sur un ensemble d'hypothèses qui conduisent à des propositions. Dans ces conditions, une théorie diffère d'un modèle dans la mesure où la théorie est générale ; elle peut contenir une conjecture sur les mécanismes qui président au fonctionnement d'un phénomène du monde — une loi —, alors qu'un modèle, qui est une expression formalisée (d'un segment) de la théorie, n'a pas nécessairement pour objectif de systématiser le phénomène dans toute sa complexité[6]. Pour que la théorie et le modèle soient deux concepts

6. Le modèle Arrow-Debreu-McKenzie, auquel se réfèrent notamment des auteurs comme Lucas ou Kydland et Prescott, ne constitue pas une théorie, mais une représentation mathématique de la théorie de l'équilibre général concurrentiel, c'est-à-dire une représentation mathématique du rôle joué par les prix dans la coordination réussie (existence de l'équilibre) et efficace (optimalité) des activités individuelles sur le marché. La théorie walrassienne du marché est fondée sur l'idée d'un mécanisme de détermination et de formation des prix, le tâtonnement, qui permet l'apurement du marché général. Mais l'idée d'une convergence possible des prix du marché vers les prix d'équilibre, traduisant la dynamique associée à la flexibilité des prix, n'a pas été obtenue, sauf à faire des hypothèses fortes sur les correspondances d'excès

équivalents, il faudrait qu'à une théorie donnée, qui étudie un phénomène particulier, on puisse associer un modèle complet qui embrasse la totalité du phénomène considéré, et que réciproquement, un tel modèle produise *directement* la théorie dont il est question.

Cette distinction étant établie, évoquons maintenant la relation entre ces concepts et l'idéologie. Par idéologie, nous entendons une vision relative à l'organisation idéale de la société, ici au rôle et aux vertus supposées du marché. Lorsque l'on s'intéresse aux mécanismes de marché, et compte tenu de ce qui a été dit sur la relation entre théorie et modèle, deux classes de modèles semblent s'opposer, celle des modèles de cycles réels et celles des modèles de défauts de coordination. Les deux théories et types de modélisations sous-tendent deux conceptions opposées sur le marché : dans un cas, le marché contient *en lui-même* des mécanismes régulateurs justifiant une présence minimale des pouvoirs publics, et dans l'autre, le marché est défaillant, et doit être complété par une régulation publique. Admettons donc cette distinction et considérons les modèles des chapitres développés dans la deuxième partie du livre. Ces modèles, à l'exception du modèle de Roberts [1987], sont fondés sur l'hypothèse d'apurement des marchés, que ceux-ci fonctionnent bien ou mal. Doit-on donc considérer que les modèles de coordination efficace sont idéologiques sous prétexte qu'ils supposent implicitement qu'il existe un mécanisme d'ajustement type loi de l'offre et de la demande (une dynamique des prix), dont l'existence repose sur des conditions relativement restrictives ? Dans ces conditions, l'idée qui consiste à défendre le système du marché libre repose-t-elle sur un point de vue positif ou sur un point de vue normatif ? De même, certains modèles d'échecs de coordination sont-ils idéologiques sous prétexte qu'ils ne prennent pas en considération le fait que le mécanisme des prix peut ne pas jouer son rôle, non à cause d'une rigidité ou d'une viscosité supposées, mais en raison du fait qu'un tel mécanisme peut ne pas exister ? Dans les deux cas, l'ajustement, qu'il soit effectif ou non, est implicitement invoqué.

La complexe relation théorie/modèle et idéologie peut aussi se comprendre en opérant une autre distinction. Supposons qu'un modèle et une théorie soient une seule et même chose. Lorsqu'un macro-économiste construit un modèle, il existe en amont des hypothèses ou axiomes, une *vision*

de demande. La même chose pourrait être dite à propos du concept de chômage involontaire d'équilibre, obtenu comme résultat d'un modèle concurrentiel d'interdépendance générale avec prix et salaires flexibles. En l'état actuel de la science, l'existence de ce concept comme catégorie théorique demeure une conjecture d'une Théorie Générale dont la modélisation s'est révélée problématique (De Vroey [2004]). La distinction est toutefois plus délicate à établir dans le contexte de la théorie des cycles réels.

préalable, antérieure aux hypothèses et aux axiomes, qui conditionne *pour partie* la modélisation. Doit-on considérer que les choix suivants : celui de modéliser une économie réelle plutôt que monétaire, celui de considérer des interactions sur un marché isolé ou sur des marchés interconnectés, et celui de considérer une économie avec un espace mesuré mixte d'agents ayant des poids et donc des pouvoirs de marché différents, relèvent de l'idéologie ou d'autant de visions préalables sur la façon de représenter une économie de marché décentralisée ? L'ouvrage de Michel de Vroey a aussi le mérite de soulever ce type de questions.

Pour conclure, le lecteur ne peut qu'être impressionné par l'importante littérature mobilisée et la profondeur des analyses. Il permet aussi de comprendre la façon dont deux problèmes récurrents de la macroéconomie : celui de la modélisation de l'offre de travail et celui de la demande de monnaie ont été, dans une certaine mesure, « absorbés » dans un nouveau modèle synthétique. Même si certains choix compréhensibles ont été faits afin de circonscrire le domaine d'étude au problème identifié et à son traitement, un chapitre est néanmoins demeuré absent. Ainsi, l'étude de la formation des anticipations (rationnelles), telle qu'elle apparaît, sous une forme adaptative, chez Evans et Honkapohja [2001], aurait peut-être mérité une place plus importante dans l'ouvrage. Trois raisons peuvent être invoquées. La première est qu'en donnant un fondement à l'hypothèse d'anticipations rationnelles, elle s'inscrit dans la démarche critique de Michel De Vroey qui consiste à expliquer l'évolution de la théorie macroéconomique aussi par la cohérence interne de ses modèles, révélée notamment par la recherche de fondements microéconomiques. Ensuite, cette démarche est intéressante, car elle ne se rattache pas à un courant théorique précis, même si certaines de ses applications sont utilisées pour l'étude de la politique monétaire dans des modèles dits « Nouveaux Keynésiens » de la deuxième génération. Enfin, elle repose la question du choix préalable du modélisateur, et questionne notamment le lien entre la vision de celui-ci et les hypothèses adoptées.

Au final, le livre d'histoire des théories macroéconomiques de Michel de Vroey ne constitue pas seulement un complément parfait aux meilleurs textbooks de théorie macroéconomique, il présente également l'intérêt essentiel de rappeler que les enjeux afférents aux décisions de politiques économiques qui sont portés dans les débats (publics) s'enracinent aussi dans des controverses théoriques, que seule une lecture assidue et progressive des textes originaux proposés par les fondateurs, anciens ou contemporains, et ce, quel que soit leur degré de formalisme, permet de saisir.

Bibliographie

Bryant John [1983], "A simple rational-expectations Keynes-type model", *Quarterly Journal of Economics*, 98, p. 525-528.

Cooper Russell, John Andrew [1988], "Coordinating coordination failures in Keynesian models", *Quarterly Journal of Economics*, 103, p. 441-463.

De Vroey Michel [2016], *A History of Macroeconomics: from Keynes to Lucas and Beyond*, New York, Cambridge University Press.

— [2009], *Keynes, Lucas : d'une macroéconomie à l'autre*, Paris, Dalloz.

— [2004], *Involuntary Unemployment: The Elusive Quest for a Theory*, London, Routledge.

Diamond Peter [1982], "Aggregate demand management in search equilibrium", *Journal of Political Economy*, 50, p. 881-894.

— [1984], Money in search equilibrium, *Econometrica*, 52, p. 1-20.

Evans George et Honkapohja Seppo [2001], *Learning and expectations in macroeconomics*, Princeton, Princeton University Press.

Hart Oliver [1982], "A model of imperfect competition with Keynesian features", *Quarterly Journal of Economics*, 97, p. 109-138.

Howitt Peter [1985], "Transactions costs and the theory of unemployment", *American Economic Review*, 75, p. 88-100.

Meyerson Émile [1921], *De l'explication dans les sciences*, Paris, Payot. Réédition Corpus des œuvres philosophiques en langue française, Fayard, 1995.

Neurath Otto [1935], « Pseudo-rationalisme de la falsification », in Christian Bonnet et Pierre Wagner, (dir.), *L'empirisme logique. Vienne, Prague, Berlin*, Paris, Gallimard, coll. « Bibliothèque de philosophie », 2006, p. 487-510.

Roberts John [1987], "An equilibrium model with involuntary unemployment at flexible, competitive prices and wages", *American Economic Review*, 77, p. 856-874.

À PROPOS DE L'OUVRAGE DE KARL MARX : *CONTRIBUTION À LA CRITIQUE DE L'ÉCONOMIE POLITIQUE. INTRODUCTION AUX GRUNDRISSE* DITE « DE 1857 »

Ragip Ege

Karl Marx *Contribution à la critique de l'économie politique. Introduction aux Grundrisse* dite « de 1857 ». Une traduction nouvelle de Guillaume Fondu et Jean Quétier. Éditions Sociales GERME, Paris, 2014 Recension par Ragip EGE, université de Strasbourg ege@unistra.fr

Il faut saluer ce bel ouvrage réalisé par Guillaume Fondu et Jean Quétier. Il s'agit du produit d'un travail extrêmement attentif, patient, rigoureux de traduction de Marx mené par les auteurs depuis 2009 au sein du séminaire « Lectures de Marx » à l'École normale supérieure de la rue d'Ulm. Deux textes majeurs de Marx sont traduits : *Introduction aux Grundrisse* de 1857 et *Critique de l'économie politique* de 1859. Mais le travail de Fondu et de Quétier ne se limite guère à un exercice ordinaire de traduction par lequel des textes seraient transférés d'une langue à l'autre, sans autre ambition que la fidélité. L'entreprise est bien plus ambitieuse. Non seulement la traduction est accompagnée d'un très important appareil de notes, qui intègre, à côté de celles des auteurs, une partie des notes des Éditions MEGA (Marx Engels Gesamtausgabe) – et ceci est en soi une contribution précieuse des auteurs à la langue française –, mais elle s'inscrit également dans un projet de compréhension du texte de Marx sur la base de la célèbre remarque de Lénine sur les « trois sources du marxisme » : l'économie politique anglaise, le socialisme français et la philosophie allemande. Une « Préface » et une « Postface » qui sont intégrées dans la traduction se proposent de préciser ce projet de compréhension. On pourrait dire que pour les auteurs l'exercice de traduction est également et surtout un exercice de compréhension de la pensée de l'auteur traduit : c'est ce trait du travail qui en constitue, à nos yeux, le grand intérêt théorique. Nous avons affaire, véritablement, à une relecture de Marx. Pour mieux rendre visible au lecteur l'esprit du projet de lecture qui s'inspire de la remarque précitée de Lénine, les auteurs reproduisent en annexe certains textes de Smith et de Ricardo, pour ce qui est de l'économie politique anglaise, de Proudhon pour ce qui est du socialisme français, et de Hegel et de Feuerbach pour ce qui est de la philosophe allemande. Mais à y regarder de près, ce sont les effets de la dernière influence, celle de la philosophie allemande, en la personne essentiellement de Hegel, que les auteurs s'efforcent de mettre en évidence pour accéder à l'intelligence de la lettre des deux textes de Marx. De façon significative, un des paragraphes de la « Préface » s'intitule « Faire entendre Hegel dans Marx ». C'est là une position qui est à l'opposé de la lecture qu'a pu faire par exemple de Marx un Althusser. En effet, aux yeux d'Althusser la présence des catégories utilisées par Hegel dans le texte de Marx n'est en rien la preuve de son hégélianisme. Fondu et Quétier ne souscrivent guère à un tel présupposé et c'est bien ce parti pris qui motive le choix méthodologique de leur traduction. En assumant le « prix d'une certaine inélégance », ils ont opté, dans leur traduction, pour le « respect [de la] systématique hégélienne », plutôt que pour « minorer [...] l'ancrage hégélien de la prose marxienne afin de rendre le texte le plus lisible et le plus "français" possible ». Ceci parce qu'il leur a semblé « malhonnête de la masquer par des expressions dans lesquelles cette systématicité se perdrait » (p.19). D'où l'insertion d'un « Glossaire » succinct mais suggestif au début de la traduction, et qui indique brièvement, mais avec rigueur les motivations qui ont présidé aux choix des équivalents français pour un certain nombre de termes allemands, hégéliens. Le rapport de Marx et Engels à Hegel marque un moment décisif dans l'histoire de la pensée. Par conséquent, toute entreprise qui nous permet de revenir et de méditer sur les enjeux de ce rapport mérite estime et attention. À travers leur traduction, Fondu et Quétier tiennent à rendre visible le travail des catégories hégéliennes dans le discours économique de Marx : de quelle façon ces catégories de la langue allemande investissent le champ de l'économie politique anglaise ? Un autre paragraphe très intéressant de la « Préface » s'intitule en effet « Traduire l'économie politique en allemand ». En d'autres termes, dans leur travail de traduction qui est une relecture, les auteurs ont affaire à un autre travail de traduction (celui de Marx) qui est également une relecture. La question de la critique de l'économie politique est à rapprocher de ce travail de traduction-relecture que mène Marx sur les auteurs anglais, ouvrant par ce geste des horizons insoupçonnés à leurs analyses, lesquelles manquent parfois de patience, au sens de la « patience du concept » de Hegel. La critique de l'économie politique est une relecture patiente, dans le bon sens du terme, philosophique, des textes produits dans ce domaine. Il y a sans conteste une critique de l'économie politique à travers un travail de conceptualisation hégélienne. Mais il y a également une autre critique à laquelle Fondu et Quétier sont, à nos yeux, moins attentifs : celle exercée à l'endroit même du discours, voire du style hégéliens. Nous pensons ici à la lecture analytique exemplaire que fait Marx des *Principes de la philosophie du droit* de Hegel en 1843 (Zur Kritik der Hegelschen Rechtsphilosophie, MEGA, I-2, 1982). À la suite de la citation de tel passage particulièrement abstrait des *Principes*, Marx remarque : 3 « Uebersetzen wir diesen Satz in Prosa » (« Traduisons cette phrase en prose ») (*ibid.*, p. 7). Ici la critique ne porte pas sur telle thèse, tel jugement, telle conviction, telle catégorie de Hegel ; il ne s'agit pas d'un exercice qui pointerait telle erreur ou tel aveuglement de l'idéalisme hégélien. Ce qui est ici en cause c'est la dénonciation de la disposition au confort et donc à la facilité de l'abstraction. Marx nomme cette disposition « mysticisme logique, panthéiste ». Évidemment, l'enjeu n'est guère une quelconque condamnation de l'abstraction en général, c'est-à-dire de la « patience du concept ». L'abstraction est la condition même de toute connaissance du réel, comme le rappelle avec force la section « La méthode de l'économie politique » de l'*Introduction* de 58 – section dont les enseignements inspirent avec bonheur l'interrogation des auteurs sur la démarche méthodologique de Marx en matière économique (cf. la « Postface »). Par conformisme de l'abstraction nous entendons conformisme de la généralisation, disposition à œuvrer avec des concepts vidés de tout contenu concret, précis, ou, en termes plus philosophiques, avec des concepts à extension infinie et à compréhension quasi nulle. Par exemple, Hegel parle un moment de l'organisme de l'État et remarque que « cet organisme est la constitution politique ». Et Marx de répliquer : « Pourquoi pas : "Cet organisme est le système solaire" ? » (*ibid.*, p. 14). Le traitement hégélien des concepts atteint souvent de tels degrés d'abstraction que tel concept se transforme en un réceptacle pouvant accueillir n'importe quelle réalité. Plus que contre les idées, la dialectique ou la méthode de Hegel, c'est contre cette évanescence du réel dans le traitement hégélien des concepts que Marx s'élève. Dès ses écrits de jeunesse il y a chez lui, comme également chez Engels, une répugnance à ce que Maximilien Rubel appelle « abus des abstractions » (Karl Marx, *Œuvres III*, NRF Gallimard, 1982, note pour la page 875, p. 1683). Et ce qui motive Marx et Engels dans cette répugnance, on pourrait l'appeler le « souci du réel ». D'où cette exigence de clarté et d'intelligibilité qui caractérise l'expression de Marx. Plus exactement, son écriture évolue toujours plus dans le sens de l'épure, de la décantation. Son intérêt pour l'économie politique trouve son explication dans ce souci d'intelligibilité, autrement dit dans le souci d'élagage de tout ce qui fonctionne dans l'expression comme cache-misère du contenu. Le déplacement vers l'économie politique reçoit son impulsion de la volonté de ne pas se complaire dans le conformisme de la philosophie spéculative. Les catégories hégéliennes rendent certes possible une critique du discours, disons un peu fruste de l'économie politique. Mais l'introduction des enseignements de l'économie politique dans le discours philosophique permet en retour de dénoncer la vacuité du contenu de certaines de ses catégories qui sont autant d'obstacles à l'intelligence du réel. 4 Ces considérations nous ramènent au choix méthodologique de Fondu et de Quétier dans la traduction de Marx. Il nous semble que ce choix privilégie la critique de l'économie politique par la philosophie essentiellement hégélienne mais il néglige la critique que Marx fait jouer en sens inverse à l'économie politique à l'endroit de la philosophie spéculative. En voulant respecter rigoureusement « la systématicité hégélienne » dans la traduction des deux textes de Marx, les auteurs se rendent moins sensibles à ce que nous avons appelé le « souci du réel » de Marx, c'est-à-dire à son souci de clarté, d'intelligibilité, à son souci du contenu. L'enjeu ne saurait se réduire à un choix entre « élégance » et « inélégance », ou entre « honnêteté » et « malhonnêteté ». Lorsqu'on est sensible à la volonté croissante de Marx à accueillir dans son texte, dans la mesure du possible, la complexité du réel par un travail continu d'épuration et de clarté de l'expression, la question que le traducteur doit se poser au sujet de son entreprise devrait être : comment Marx s'y serait pris pour exprimer avec le même souci de clarté et d'intelligibilité ce qu'il exprime en allemand, s'il écrivait en français ? Plus exactement : comment une conscience animée par le souci de Marx s'y serait prise si elle devait s'exprimer en français ? Ceci est évidemment bien autre chose que l'exigence de rendre le texte « le plus français possible ». Se conformer aux exigences d'une langue est bien autre chose que la volonté d'introduire de l'élégance dans l'expression (ce que Marx aurait sans doute répugné à faire) ; c'est la prise de conscience, avec toujours plus d'acuité et de force, du fait que le contenu ne réside pas dans le terme ou la catégorie, quel que soit le prestige ontologique dont est censé jouir ce terme ou cette catégorie, mais dans la phrase, c'est-à-dire dans le travail d'élaboration de l'expression. À ce sujet nous ne pourrons qu'exprimer un regret concernant le travail par ailleurs tout à fait remarquable des deux auteurs. Dans leur ouvrage nous n'avons rencontré aucune référence à l'immense travail d'édition des œuvres de Marx par Maximilien Rubel chez Gallimard, dans la collection « La Pléiade ». Rubel a réalisé sur l'œuvre de Marx un travail d'une valeur inestimable sur le plan scientifique. Ses traductions de Marx ont sans doute privilégié l'approche qu'ont d'emblée écartée Fondu et Quétier. C'est justement pour cette raison qu'une lecture comparée de leur traduction, de celle de Rubel et du texte original de Marx est un exercice passionnant que nous conseillerions vivement à tout chercheur travaillant sur l'œuvre de Marx.

À PROPOS DE L'OUVRAGE DE R. BELLOFIORE ET S. CARTER : *TOWARDS A NEW UNDERSTANDING OF SRAFFA. INSIGHTS FROM ARCHIVAL RESEARCH*

Olivier Rosell

Riccardo Bellofiore et Scott Carter (eds), *Towards a New Understanding of Sraffa. Insights from archival research,* London, Palgrave Mac Millan, 2014, p. 272.

L'ouvrage édité par E. Bellofiore et S. Carter collecte un ensemble d'articles présentés lors de la conférence « The Other Sraffa: Surprise in Archive? » organisée en 2010 à Bergamo en l'honneur du 50e anniversaire de la publication par Piero Sraffa de *Production de marchandises par des marchandises* (*PMM* dorénavant). L'ouverture au public des archives de Sraffa à l'initiative du « Trinity College » date de 1993, soit dix ans après sa mort. Dans leur introduction, Bellofiore et Carter rappellent que ses archives ont surpris d'abord par leur volume puisque les nombreuses notes manuscrites rédigées par Sraffa (écrites à la main la plupart du temps) contrastent avec le peu de publications laissées au cours de sa vie. Bien que l'un des objectifs affichés par Sraffa dans *PMM* soit la critique de la théorie marginaliste, les éditeurs rappellent également que la nature et la portée de ses contributions théoriques continuent à faire débat. Pour les éditeurs, le contenu des manuscrits est donc susceptible de constituer un outil essentiel pour mieux appréhender la complexité d'un auteur, dont l'œuvre reste une source d'inspiration majeure pour beaucoup de chercheurs critiques à l'égard de la théorie économique actuellement dominante.

Les différents contributeurs (pour la plupart italiens et français) s'interrogent sur des questions majeures de l'économie politique classique dans le cadre de la reconstruction moderne proposée par Sraffa. Les sujets traités sont répertoriés par les éditeurs de la façon suivante (p. 2) : « (i) the (dis)connection between Sraffa and Marx [...] ; (ii) the importance of the Standard Commodity [...] ; (iii) the meaning of the determination of prices with a uniform rate of profits [...] ; (iv) the essentiality of money [...] ; (v) the significance of the notion of the surplus [...] ». La plupart des contributions sont présentées par les éditeurs comme des travaux qui recourent aux manuscrits de Sraffa pour apporter un nouvel éclairage sur l'ensemble de ces questions et, par extension, sur l'œuvre de Sraffa elle-même.

L'ouvrage a pour vocation de s'adresser prioritairement à tous ceux (chercheurs et étudiants) qui s'intéressent à la théorie classique, de sa construction jusqu'aux développements les plus récents de l'analyse. Toutefois, la lecture de l'ouvrage a semble-t-il laissé perplexes les spécialistes de la pensée classique qui ont, à ma connaissance, été chargés de le commenter. Si Enrico Bellino (2015, p. 229) reconnaît que « the book focus on relevant and stimulating issues for people interested in classical political economy, even if some of the theses are disputable », ce dernier ne fournit pas plus de précisions sur l'originalité des contributions que l'ouvrage est susceptible de contenir et se limite à conclure que « the reader is the most qualified person to assess how surprising are the results presented in these essays ». De son côté, Giancarlo De Vivo fait preuve de davantage de sévérité. Après avoir souligné que l'ouvrage en question accorde une attention prioritaire à la relation entre les analyses de Marx et celles de Sraffa, De Vivo s'étonne que beaucoup de contributeurs aient attendu de consulter les archives de Sraffa pour constater (contre parfois leur position initiale) que les travaux de ces deux figures intellectuelles majeures n'étaient pas antagonistes. Il écrit par exemple :

> « A peculiar feature of many of the papers collected in the book is that their authors do not acknowledge that their new positions implies that they have basically come to share the positions held by the writers who since the publication of Sraffa's work had emphasized a continuity and a connection between it and Marx » (De Vivo, 2015, p. 126).

Parmi les références les plus célèbres non mentionnées dans l'ouvrage, De Vivo cite Piero Garegnani, Maurice Dobb et Ronald Meek, ce qui l'amène à conclure à propos des contributeurs qui examinent la proximité intellectuelle de Marx et Sraffa :

> « One could agree with them, but at least one should notice that their new understanding of Sraffa' is not so new after all » (*ibid.*, p. 129).

Sur les sept articles que contient l'ouvrage (ce dernier compte également deux chapitres introductifs, des commentaires sur les articles et une annexe fournissant des informations sur les « Sraffa Papers » détenus par le Trinity College), quatre traitent effectivement de la relation entre les analyses de Marx et celles de Sraffa. Au regard de l'appréciation de De Vivo, on peut toutefois relever que le mérite de certaines contributions repose davantage sur l'examen de la genèse de *PMM* – fruit d'un long cheminement intellectuel de plus de 30 ans dont témoignent les 10 000 pages manuscrites laissées par Sraffa – que sur les analyses des liens entre Marx et Sraffa. C'est le cas en particulier de l'article de Scott Carter (visé indirectement par De Vivo) qui défend l'idée selon laquelle la marchandise-étalon « may be seen as a bridge towards the category of exploitation » (Bellofiore et Carter, 2015, p. 4). Plusieurs commentaires soulignent à juste titre que cette thèse défendue par Carter reste au final peu argumentée (e.g. Bellino, 2015, p. 229 ; De Vivo, 2015, p. 128 ; Porta, 2015, p. 73), puisque l'essentiel de son article consiste à retracer minutieusement la construction théorique du concept de marchandise-étalon, depuis sa découverte dans les années quarante jusqu'à l'exposé final contenu dans les chapitres 4 et 5 de *PMM*. De ce point de vue, l'article apporte des éléments d'information sur l'origine de la marchandise-étalon et ses implications économiques (en particulier sur le choix de la variable de répartition indépendante) qui sont loin d'être négligeables eu égard au style généralement concis et elliptique adopté par Sraffa dans son ouvrage. Si les références aux déterminants monétaires du taux de profit sont par exemple davantage détaillées dans les notes manuscrites que dans *PMM*, il ressort pourtant de la lecture de l'article de Carter que Sraffa n'était pas enclin à approfondir ce mode de détermination. À charge pour « the younger and better equipped » de poursuivre cette tâche nous dit Carter (2015, p. 67) dans une référence explicite à la préface de *PMM* rédigée par Sraffa.

La détermination monétaire du taux de profit suggérée par Sraffa est l'une des justifications de l'article de Ghislain Deleplace consacrée à la question du caractère réel ou monétaire des prix de production. À l'instar de Carter (2015, p. 65-66), Deleplace (2015, p. 142-143) s'interroge sur la suppression dans *PMM* de la référence au mode de détermination du taux d'intérêt monétaire par « the banking system or the Stock Exchange » qui figure pourtant dans une note manuscrite. Pour Deleplace, cette référence « gives some credence » à l'interprétation selon laquelle « money influences distribution and prices through the rate of interest » (*ibid.*, p. 143). Arrêtons-nous un instant sur ce point qui nous semble important. Les raisons pour lesquelles Sraffa s'écarte de la tradition classique en prenant le taux de profit comme variable de répartition indépendante (à la place du salaire) sont clairement exposées dans *PMM* (1960, §44) et résultent de la définition du salaire comme une quantité de numéraire (le salaire n'ayant dans ce cas pas de signification avant que les prix ne soient connus, ce qui est d'autant plus évident lorsque le numéraire est une marchandise « abstraite » comme la marchandise-étalon) (voir également Carter, 2015, p. 62-66, pour la formulation de cette justification par Sraffa dans ses manuscrits). Sur la base de cette justification, on serait donc enclin à déduire que l'influence de la sphère monétaire sur le « système de production », via la détermination du taux de profit par le taux d'intérêt, ne résulterait *in fine* que d'une hypothèse arbitraire sur l'interprétation du panier salarial. On peut aussi ajouter que l'hypothèse d'un salaire supposé variable n'implique pas en soi d'interpréter le salaire comme une quantité de numéraire, ce que laisse pourtant suggérer Sraffa dans ses notes lorsqu'il écrit que « the practice of regarding the wage as the ind. var. [...] seems acceptable so long as the wage is measured composed of in necessaries of subsistence consumption goods » (cité par Carter, 2015, p. 64). Or, cette conclusion selon laquelle l'abandon du concept classique du salaire de subsistance, donc d'un salaire supposé fixe, aurait pour corollaire le rejet du salaire comme variable indépendante semble discutable, car cela revient dès lors à écarter l'idée que le salaire puisse être l'expression économique d'un rapport de force. En d'autres termes, il résulte de l'interprétation du salaire comme une variable endogène une curieuse vision du capitalisme où les travailleurs n'ont par hypothèse aucun pouvoir de négociation (voir à ce sujet Bidard et Klimovsky, 2006, p. 30).

Si l'influence supposée du taux d'intérêt sur la sphère de production (prix et répartition) est susceptible de constituer une porte d'entrée vers la prise en compte de la monnaie dans les analyses de Sraffa, cette piste de réflexion correspond en réalité pour Deleplace à un second niveau d'analyse. S'appuyant sur les commentaires critiques de Sraffa (publiés ou non) sur la théorie monétaire de Hayek et sa conception de la neutralité de la monnaie, Deleplace soutient qu'il existe un premier niveau d'analyse auquel il est nécessaire de s'interroger au préalable, et qui porte sur « the characteristics of money that make Sraffa-prices money prices (the essentiality question) » (Deleplace, 2015, p. 146). Portant son attention sur cette question (prioritaire), Deleplace montre comment Sraffa déduit de la critique adressée à Hayek une distinction entre, d'une part, la théorie de la valeur qui traite des prix monétaires à l'équilibre, d'autre part, la théorie monétaire qui examine les prix monétaires en déséquilibre. Sur cette base, l'objectif principal de Deleplace consiste dès lors à soutenir que cette distinction est conforme à la démarche adoptée dans *PMM*. Cette interprétation suppose toutefois de préciser le rôle de la monnaie. À cet effet, l'auteur montre que la monnaie joue chez Sraffa le double rôle de « medium of exchange » et de « standard of deferred payments » que l'article met en évidence à partir des commentaires critiques que Sraffa adresse non seulement à Hayek, mais aussi à Keynes dans ses notes sur la *Théorie générale*. Il en résulte une contradiction apparente, puisque « as a standard of deferred payments, money have no role in the static framework of *PCMC* », mais qui est cependant « consistent with Sraffa's project to separate, in the determination of the system of prices, what is "natural" from what is "institutionnal" » (*ibid.*, p. 165). Comme le souligne Bellino (2015, p. 228), la référence à cette séparation est simplement suggéré par Deleplace en fin d'article et mériterait certainement davantage d'explications. Nonobstant ce point précis, cet article fournit une réflexion stimulante sur les enjeux relatifs à l'intégration de la monnaie dans une théorie de la valeur. Cela concerne notamment la conception de la monnaie comme « standard of deferred payments » que Sraffa avait lui-même envisagée implicitement comme une alternative à l'hypothèse d'un système complet des marchés (hypothèse que l'on retrouve en particulier dans l'approche moderne de l'équilibre général).

L'article de Cartelier examine également le lien entre les analyses de Sraffa et la monnaie, mais dans une tout autre perspective. Il s'agit ici de s'interroger sur la signification de l'objectivité économique qui caractérise le point de vue adopté par la théorie classique. Par opposition à la théorie néoclassique, qui adopte un point de vue « subjectif » fondé sur les concepts centraux d'utilité marginale et de productivité marginale, la théorie classique cherche à expliquer le rôle des prix dans les économies de marché sur la base de données observables et mesurables que sont la technique et les quantités produites. Pour Sraffa, ce point de vue est comparable à celui qui serait adopté par « a man on the moon » qui observerait « the amount of things consumed in each factory and the amount produced by each factory » et à partir de quoi « he would deduce at which values the commodities must be sold, if the rate of interest must be uniform and the process of production repeated » (cité par Cartelier, 2015, p. 169 et par Bellofiore, 2015, p. 235, note). Après avoir rappelé comment Sraffa est parvenu à identifier progressivement ce point de vue objectiviste et le problème économique qui lui est rattaché, la démarche suivie par Cartelier consiste à tenter de montrer, d'une part, que cette objectivité « is neither physical, nor material, but rather *social*, d'autre part, que les relations monétaires fournissent « the most obvious and specific examples of the said social objectivity » (Cartelier, 2015, p. 169-170, souligné par l'auteur). Le point central de son argumentation repose sur un examen critique du concept de surplus, lequel ne pourrait pas être observé par « the man on the moon » sur la base de données purement techniques ou matérielles. Or, pour Cartelier, ce point manque de clarté chez Sraffa, en particulier lorsque ce dernier examine les conditions d'échange dans une économie de subsistance, puis dans une économie avec surplus (respectivement dans les chapitres 1 et 2 de *PMM*), dans la mesure où aucune information explicite n'est fournie sur les conditions sociales de production dans ces deux types d'économie. Sur la base de démonstrations simples et de brèves illustrations, Cartelier soutient dès lors que le critère pertinent pour l'observation d'un surplus est celui de la séparation des individus dans la production. En somme, dans une économie de marché simple (ou économie de subsistance dans la formulation de Sraffa) composée de producteurs indépendants (donc d'individus parfaitement homogènes du point de vue de la production), aucun surplus ne serait observable, car il est impossible de distinguer les marchandises utilisées comme inputs de celles qui appartiennent à la consommation improductive des producteurs. Une fois ce principe établi, l'article de Cartelier s'écarte du cadre analytique proposée par Sraffa et examine la question des conditions sociales d'observation d'un surplus dans une économie monétaire. À ce sujet, l'article fournit des éléments importants pour la compréhension des relations monétaires selon que le statut des individus est homogène ou hétérogène (dans la mesure où cela affecte en particulier les conditions d'accès aux moyens de paiement qui ne sont pas les mêmes pas exemple pour les salariés et les entrepreneurs). Par rapport au thème central de l'ouvrage, on serait toutefois tenté de s'interroger sur la façon dont la théorie de Sraffa, et plus généralement l'économie politique classique, serait à même d'appréhender le fonctionnement d'une économie où, en l'absence de monnaie, « it is not possible for an individual to take the initiative to be an independent producer and bring a commodity to market » (Cartelier, 2015, p. 179). Puisque, selon l'opinion même des éditeurs, la représentation de l'économie monétaire construite par Cartelier « pointing to Kalecki and Keynes rather than Ricardo » (Bellofiore et Carter, 2015, p. 7).

Le questionnement du cadre analytique construit par Sraffa constitue également l'objet de la réflexion de Ajit Sinha. Dans son article, Sinha rejette l'interprétation des prix de Sraffa comme « centres de gravitation » (défendue en particulier par Garegnani) et développe dans cette perspective l'idée que « an equilibrium of demand and supply is intrinsically linked to the tacit assumption of constant returns » (*ibid.*, p. 84). Or, Sraffa écarte explicitement l'interprétation des prix de son système en termes d'offre et de demande, de même que le recours à l'hypothèse de rendements constants. Sur cette base, Sinha soutient que l'uniformité des taux de profit ne doit pas être considérée comme un critère d'équilibre et explique pourquoi cette hypothèse devrait être davantage considérée comme la conséquence logique de la façon dont Sraffa construit son système de prix (qui en l'absence d'uniformité des taux de profit contiendrait plus d'inconnues que d'équations indépendantes). On peut toutefois relever que l'absence de lien entre les prix de production et le principe de l'égalité entre l'offre et la demande n'exclut pas de considérer l'uniformité des taux de profit comme un critère d'équilibre. À la différence de la théorie néoclassique, où l'équilibre est conçu comme l'égalité entre les quantités offertes et les quantités demandées de toutes les marchandises, la définition classique de l'équilibre par le critère d'uniformité des taux de profit est justifiée par le fait que lorsque les taux de profit sont tous égaux, aucun capitaliste n'est incité à modifier ses décisions et l'économie est donc en situation de repos. En somme, si l'article de Sinha a le mérite de rappeler que l'interprétation des prix de production comme des centres de gravitation est problématique, certaines conclusions qu'en tire l'auteur nous semblent discutables, en particulier sur le rejet de la conception classique de l'équilibre. Un autre point de son article qu'il nous semble intéressant de souligner concerne son examen des propriétés de la marchandise-étalon. L'auteur cite à cet effet un extrait des manuscrits dans lequel Sraffa affirme que le système-étalon « provides tangible evidence of the rate of profit as a non-price non phenomenon » (cité par Sinha, 2015, p. 87). Cette affirmation montre dès lors que Sraffa avait clairement perçu l'ambivalence de son concept de marchandise-étalon qui a la propriété, non seulement de constituer une mesure invariable des prix, mais également d'offrir une expression physique du taux de profit maximal (même si le premier aspect est seulement privilégié dans *PMM* au motif que la mesure invariable des prix donnerait de la transparence au système) (sur l'ambivalence du concept de marchandise-étalon, voir en particulier Bidard et Klimovsky, 2006, p. 31-35).

L'article de Stefano Perri examine à son tour les propriétés de la marchandise-étalon, mais dans le but de défendre la loi de Marx sur la baisse tendancielle du taux de profit. À l'instar de Carter (2015), Perri (2015) focalise son attention sur la genèse de ce concept. L'exploration des manuscrits a permis de montrer que le point de départ des recherches de Sraffa sur l'étalon invariable réside dans l'hypothèse initialement adoptée (puis rejetée par la suite) selon laquelle le rapport entre le prix du produit net et le prix des moyens de production dans le système économique réel serait toujours constant (voir également à ce sujet l'article de Bellofiore, 2015, p. 210-212). Partant de cette hypothèse (erronée), Sraffa soutient contre Bortkiewicz que la loi de Marx est logiquement cohérente, puisqu'une augmentation de la composition organique du capital induirait une baisse du taux de profit maximal et, par extension, du taux de profit lorsque cette baisse est suffisamment régulière. Après avoir reconstruit l'interprétation de Sraffa de la loi de Marx, Perri considère qu'il est possible de reformuler la plupart de ces arguments en recourant au système-étalon, donc en abandonnant l'hypothèse initialement retenue par Sraffa sur l'invariance du ratio entre produit net et capital (qui, comme on le sait, manque de généralité). À cet effet, Perri examine différents processus de baisse du taux de profit qu'il confronte à l'interprétation de Sraffa, mais également à d'autres interprétations plus récentes (en particulier celle de Foley et Mich). Si l'article de Perri vise à enrichir l'étude des propriétés du système-étalon dans le cas de changements techniques, il constitue par ailleurs une contribution notable à l'histoire des idées. De ce point de vue, il nous semble que la démarche de Perri manque toutefois de clarté sur certains aspects de la lecture par Sraffa de la loi de Marx, en particulier sur le lien entre la baisse du taux de profit maximal et celle du taux de profit, qui est énoncé sans être clairement expliqué.

Au final, l'ouvrage édité par Bellofiore et Carter s'interroge sur des sujets pour la plupart hautement théoriques, dont l'intérêt peut paraître discutable pour les non-spécialistes de la pensée classique. Si les problèmes soulevés par les contributeurs semblent bien éloignés des préoccupations actuelles du « monde réel », il n'en reste pas moins que la théorie actuellement dominante tire d'abord sa force et son unité de sa capacité à ériger en norme une représentation tout aussi abstraite du fonctionnement des économies de marché, et à partir de laquelle s'élabore la science économique moderne dans son ensemble. Si l'on considère, à l'instar des contributeurs de cet ouvrage, que cette norme ne fournit pas une représentation acceptable du fonctionnement de l'économie de marché abstraite, en particulier sur le rôle du système de prix dans l'ajustement des décisions privées décentralisées, il ne semble pas illégitime de rechercher une alternative dans le cadre d'une reformulation de la théorie de la valeur. Bien que nos connaissances en la matière soient encore insuffisantes, la théorie de Sraffa demeure probablement à ce jour l'alternative la mieux aboutie en ce domaine.

Bibliographie

Bellino E. (2015), « Towards a New Understanding of Sraffa. Insights from Archival Research. Revue de lecture », *History of Economic Ideas*, XXII (2), p. 227-229.

— (2015), « The Loneliness of the Long Distance Thinker: Sraffa, Marx, and the Critique of Economic Theory », in Bellofiore R. et Carter S. (eds), p. 198-240.

— et Carter S. (eds) (2015), *Towards a New Understanding of Sraffa. Insights from Archival Research*, Palgrave, Mac Millan.

Bidard C. et Klimovsky E. (2006), *Capital, salaire et crise. Une approche classique*, Paris, Dunod.

Carter S. (2015), « Sraffa and the Standard Commodity », in Bellofiore R. et Carter S. (eds), p. 47-68.

Cartelier J. (2015), « The Positive Surplus Hypothesis: Social versus Physical Objectivity », in Bellofiore R. et Carter S. (eds), p. 167-185.

De Vivo G. (2015), « Towards a New Understanding of Sraffa. Insights from Archival Research. Revue de lecture », *Contributions to Political Economy*, 34 (1), p. 125-129.

Deleplace G. (2015), « The Essentiality of Money in Sraffa Papers », in Bellofiore R. et Carter S. (eds), p. 139-166.

Perri S. (2015), « The Standard System and the Tendency of the (Maximum) Rate of Profit to Fall – Marx and Sraffa: There and Back », in Bellofiore R. et Carter S. (eds), p. 81-93.

Porta P.L. (2015), « Comment on Preti and Carter », in Bellofiore R. et Carter S. (eds), p. 69-74.

Sinha A. (2015), « A new perspective of Sraffa », in Bellofiore R. et Carter S. (eds), p. 81-93.

Quand la mafia se légalise

Pour une approche économique institutionnaliste

CLOTILDE CHAMPEYRACHE

La mafia est, d'ores et déjà, très infiltrée dans l'économie légale : pour la seule Italie, on estime son chiffre d'affaires à 135 milliards d'euros. Ce faisant, et c'est ce qui la rend singulière dans la galaxie du crime organisé, elle recherche moins le profit que le pouvoir. Le temps qui passe la renforce : la mafia est une organisation pérenne qui sait s'adapter à des changements majeurs de paradigme – elle a ainsi survécu sans dommage au passage du féodalisme au capitalisme en Sicile ou du socialisme au capitalisme en Russie.

Sur ce sujet, les économistes sont bien silencieux, car le modèle dominant est incapable de percevoir les caractéristiques du système mafieux. La supposée frontière entre activités légales et illégales, qui présume une homogénéité de chacune de ces sphères économiques, n'est ici plus valable. Il est indispensable, pour comprendre le fonctionnement économique de la mafia, et envisager des formes de luttes efficaces, de développer un cadre alternatif. L'approche proposée par Clotilde Champeyrache est l'approche institutionnaliste, intégrant l'économie du crime et l'économie du droit, indispensable pour comprendre comment le pouvoir mafieux se construit et se consolide dans le temps.

ISBN : 978-2-271-09000-3

288 p. - 25 €

CNRS EDITIONS

15, rue Malebranche 75005 Paris
Tél: 01 53 10 27 00 — Fax: 01 53 10 27 27
En vente en librairie ou sur www.cnrseditions.fr

16

REVUE FRANÇAISE DE SOCIO-ÉCONOMIE

PREMIER SEMESTRE 2016

Rfse

Les crises de la grande distribution

La grande distribution est ancrée dans les paysages péri-urbains et structure les modèles d'achat et de consommation depuis plusieurs décennies. Loin d'être réductible à un secteur économique analysable à partir des outils de l'économie industrielle, elle nécessite de mobiliser une approche multidisciplinaire, alliant entre autres l'urbanisme ou la sociologie des modes de vie. Dans ce numéro, l'approche socio-économique adoptée se centre sur les transformations économiques récentes du secteur et leurs imbrications avec les relations sociales au sens large.

Née dans les années 1950 en France, la grande distribution a connu des évolutions successives de modèles pour s'adapter aux reconfigurations du capitalisme mondialisé. Par l'importance qu'elle a rapidement acquise en tant que secteur (elle représente aujourd'hui 70 % du marché de la distribution alimentaire), elle constitue un terrain de prédilection pour saisir les transformations économiques et sociales. Secteur phare des Trente glorieuses en tant que symbole de la consommation de masse, de la réalisation des gains de productivité (nouvelles méthodes de gestion), et de la diffusion du salariat en même temps que de sa féminisation, son modèle principal, celui de l'hyper et du supermarché, est entré en crise dans les années 1990. Aujourd'hui pleinement saisie par la logique de la valorisation actionnariale, la grande distribution apparaît comme un secteur fortement encastré dans le monde social et très dépendant de la conjoncture économique, un miroir grossissant des mutations du capitalisme contemporain.

ISBN 978-2-7071-8948-6 25 €

Économie et Entreprise aux éditions L'Harmattan

Dernières parutions

POLITIQUE ET ÉCONOMIE
10 mesures phares pour un monde meilleur
Marquez-Velasco Adrien
Dans ce livre est proposé un système économique d'une nouvelle ampleur qui s'intitule le «coordonnisme». Il s'agit d'un régime réunissant les qualités du capitalisme et du communisme. Il présente comme mesures la coordination des politiques monétaires, budgétaires et financières afin de réguler les consommations intérieures et extérieures, l'épargne, l'investissement, l'inflation et le chômage vers un taux optimal de croissance économique.
(Coll. L'Esprit Économique, série Krisis, 20.00 euros, 194 p.)
ISBN : 978-2-343-07529-7, ISBN EBOOK : 978-2-336-39887-7

AUX FRONTIÈRES DU MANAGEMENT
Manifeste pour un temps d'exigence
Massé Francis
Le management est l'une des clefs pour faire advenir une société meilleure, forte d'organisations efficaces. À cet égard, la notion de frontière fait sens. Le management s'inscrit dans une réalité, sinon il n'est rien. Le management traverse aussi des découpages disciplinaires multiples qu'il doit relier : il est frontière. Il constitue enfin un levier pour transgresser des limites artificielles et élargir le champ des possibles, où règnent l'imagination créatrice et l'innovation.
(Coll. Local et Global, 14.00 euros, 122 p.)
ISBN : 978-2-343-07517-4, ISBN EBOOK : 978-2-336-39760-3

LA LUTTE DES NORMES AU TRAVAIL
Faulkner Marcel - Préface de Jean-Pierre Durand
Aborder l'analyse du travail et de l'organisation sous l'angle de la normalisation permet d'atteindre deux objectifs. Comprendre que l'organisation est traversée par une lutte des normes dont les formes sont multiples et qui vont de la collaboration à la confrontation. Constater que cette lutte ne se limite pas au seul domaine des opérations courantes des organisations, mais qu'elle concerne aussi les choix stratégiques et les grands enjeux du travail et de l'emploi.
(Coll. Logiques sociales, 29.50 euros, 286 p.)
ISBN : 978-2-343-07381-1, ISBN EBOOK : 978-2-336-39859-4

GOUVERNANCE ET INTELLIGENCE ÉCONOMIQUE EN PME
Sous la direction de Daniel Corfmat, Marc Chambault et Georges Nurdin
L'intelligence économique est devenue un mode de gestion et de gouvernance de l'entreprise. Cet ouvrage réfléchit sur la démarche que le chef d'entreprise peut entreprendre pour éclairer ses décisions, garder sa marge de manœuvre de compétitivité et toutes ses possibilités de développement afin de sécuriser sa pérennité. Vous trouverez des recommandations pratiques qui tentent d'aider le dirigeant à aborder ce qui est devenu un enjeu majeur de la protection de son capital.
(Coll. Gouvernance et entreprise, 11.00 euros, 70 p.)
ISBN : 978-2-343-06861-9, ISBN EBOOK : 978-2-336-39734-4

LA POSTE, QUELLE AVENTURE !
L'informatisation du tri postal et autres chantiers hauts en couleur
Lenoir Olivier
Préface de Laurent Chaffard
Ce récit de quarante ans de carrière «aux PTT» parle du plaisir de créer, mais aussi des pesanteurs hiérarchiques et des souffrances du harcèlement moral. Il parle d'un avenir où les valeurs de coopération, d'entraide, de solidarité pourraient remplacer la course au profit, la concurrence illusoirement «libre» et le chacun pour soi. Le management et l'innovation, l'évolution de l'informatique et du service public sont des thèmes qui s'entrecroisent dans ce témoignage optimiste.
(17.50 euros, 164 p.)
ISBN : 978-2-343-07666-9, ISBN EBOOK : 978-2-336-39881-5

INTELLIGENCE DE L'INFORMATION
Entre état d'esprit et stratégie d'organisation
Mallowan Monica
En plus de contribuer à l'avancement des connaissances en matière de modèles traitant de management de l'information stratégique et des pratiques informationnelles, reliées à leur application en organisation, cet ouvrage aborde les champs de la littératie, de la culture et de l'intelligence de l'information. Une proposition est faite au sujet de leur mise en relation dialogique et systémique, dans un effort de construction d'une double mutation transdisciplinaire, celle du nouveau statut d'informateur et du concept de transculture de l'information.
(Coll. Intelligence économique, 36.00 euros, 354 p.)
ISBN : 978-2-343-06623-3, ISBN EBOOK : 978-2-336-39756-6

FISCALITÉ ENVIRONNEMENTALE
Entre impératifs fiscaux et objectifs environnementaux, une approche conceptuelle de la fiscalité environnementale
Caruana Nicolas
Préface de Thierry Lambert
La fiscalité environnementale intéresse relativement peu les juristes et représente en pratique une part très faible des recettes fiscales des États. Souvent limitée aux écotaxes, cette notion que cette thèse se propose de définir présente de multiples dimensions, tant fiscales qu'économiques, tant politiques qu'écologiques. Caractérisée par son efficience environnementale, elle n'a en réalité ni le champ d'application ni la portée que lui prête le discours politique.
(Coll. Finances publiques, 43.00 euros, 514 p.)
ISBN : 978-2-343-07550-1, ISBN EBOOK : 978-2-336-39716-0

LA MAGIE DES JUSTES PROPORTIONS
Restructuration financière d'un LBO avec apport de new money
Journo Albert
Comment opérer la restructuration financière du capital d'une entreprise de taille moyenne sous LBO (Leveraged Buy out) en période de turbulence opérationnelle ? Plusieurs scenarii sont imaginés selon l'évolution de la perception du pronostic de rétablissement. Un cas réel vient étalonner les raisonnements variés déterminant les nombreux paramètres suivant de justes proportions et des désirs, emportant d'emblée l'adhésion de tous. Cet ouvrage donne un éclairage original sur un comment faire.
(Coll. Ad valorem, 25.00 euros, 238 p.)
ISBN : 978-2-343-07914-1, ISBN EBOOK : 978-2-336-39861-7

L'ÉCONOMIE A-T-ELLE UN SENS ?
Essai
Vadjoux Philippe
Le profit est-il légitime s'il ne tient pas compte des coûts sociaux et environnementaux ? L'économie n'est pas d'origine divine ou naturelle, elle dépend de nous, elle évolue. La recherche d'une nouvelle économie plus démocratique, plus créative, plus diversifiée au service des êtres

humains et respectueuse de la planète n'est pas utopique. Elle existe au travers d'idées, de projets, d'expériences. Une mutation est possible.
(29.00 euros, 346 p.)
ISBN : 978-2-343-07479-5, ISBN EBOOK : 978-2-336-39587-6

L'ÉCOLOGIE AU SECOURS DE L'ÉCONOMIE
Inventer les outils d'une nouvelle prospérité
Coutouly Rodrigue
Comment expliquer notre difficulté à relancer l'économie ? Cet ouvrage explore une hypothèse originale : la reprise ne se fait pas car nous atteignons les limites de nos ressources naturelles. L'auteur travaille donc sur les différentes pistes possibles pour construire le développement durable d'une société et d'une économie qui retrouveraient leur cohérence. Les solutions devront s'appuyer sur des politiques publiques imaginatives, audacieuses autant que réalistes, particulièrement en matière de fiscalité et d'investissement.
(Coll. Sociologies et Environnement, 27.00 euros, 260 p.)
ISBN : 978-2-343-06652-3, ISBN EBOOK : 978-2-336-39638-5

L'ÉCONOMIE EN QUESTION
Regards et apports des spiritualités et des religions
Textes rassemblés par Jan-Luc Castel et Vincent Pilley
La vie économique est aujourd'hui bouleversée et altère même le lien social. Où puiser l'énergie de résister à ces dévastations ? Comment régénérer les liens humains dans la société ? Quelles ressources mobiliser pour «changer les règles du jeu» ? Juifs, bouddhistes, chrétiens, musulmans, athées, libres penseurs osent entrer en dialogue parce qu'ils croient en la possibilité d'un avenir commun.
(12.00 euros, 168 p.)
ISBN : 978-2-343-07824-3, ISBN EBOOK : 978-2-336-39689-7

LE CAPITALISME, CANCER DE L'HUMANITÉ
Une économie inhumaine et meurtrière, une société malade, la vie sur Terre en péril
Kornheiser Georges
En 2016, le patrimoine cumulé de 1 % de la population mondiale dépassera celui des 99 % restants, ce qui est sans précédent. Cette minorité possède tous les pouvoirs : économique, médiatique, politique, qu'ils soient étiquetés de droite ou de gauche, les partis de gouvernement sont tous convertis aux dogmes néolibéraux et pratiquent en fait la même politique une fois aux commandes. Le capitalisme est devenu fou. Un autre univers, plus juste et plus humain, est pourtant possible. Il n'est que temps de travailler à son avènement, avant que les dommages ne soient devenus irréversibles.
(Coll. Questions contemporaines, 39.00 euros, 436 p.)
ISBN : 978-2-343-07156-5, ISBN EBOOK : 978-2-336-39615-6

UNE ÉCONOMIE SOLIDAIRE PEUT-ELLE ÊTRE FÉMINISTE ?
Homo oeconomicus, mulier solidaria
Sous la direction de Christine Verschuur, Isabelle Guérin et Isabelle Hillenkamp
Comment expliquer le faible intérêt, dans la littérature sur l'économie sociale et solidaire, pour le genre et les théories féministes, alors que ces initiatives sont fortement genrées et que les femmes y sont surreprésentées ? À quelles conditions ces initiatives sont-elles une opportunité de réinvention de l'économie, réencastrée dans le social et le politique et au service de la justice sociale et de genre ? L'économie solidaire peut-elle constituer une source d'émancipation pour les femmes ou non ? (Articles en français, anglais, espagnol.)
(Coll. Genre et développement - Rencontres, 29.00 euros, 300 p.)
ISBN : 978-2-343-07602-7, ISBN EBOOK : 978-2-336-39514-2

CONVENTION COLLECTIVE NATIONALE DES ENTREPRISES DE SERVICES À LA PERSONNE ANNOTÉE
Dahan Alison, Granet Régis
La convention collective nationale des entreprises de services à la personne de septembre 2012, depuis son extension par arrêté du 3 avril 2014, a vocation à s'appliquer à toutes les entreprises

privées relevant du secteur des services à la personne. Cet ouvrage accompagnera les entreprises, les salariés et praticiens dans l'application de la règlementation en vigueur grâce aux explications simples intégrées tout au long de l'ouvrage.
(Coll. Défis, 28.50 euros, 288 p.)
ISBN : 978-2-343-07910-3, ISBN EBOOK : 978-2-336-39684-2

COMMERCE INTERNATIONAL, INVESTISSEMENTS DIRECTS ÉTRANGERS ET PARTICIPATION DES PAYS MÉDITERRANÉENS AUX CHAÎNES DE VALEUR MONDIALES
Sous la direction de Cécile Bastidon-Gilles, Azzedine Ghoufrane, Nassim Oulmane et Ahmed Silem ; préface de Saaïd Amzazi
Ce livre analyse les difficultés que rencontrent les pays sud-méditerranéens dans leur processus de participation aux chaînes de valeur mondiales. En prenant appui sur des stratégies de développement efficaces adoptées ailleurs, les auteurs expliquent comment remédier aux contraintes de l'offre pour favoriser l'attractivité à l'égard des investissements directs étrangers (IDE).
(23.50 euros, 220 p.)
ISBN : 978-2-343-07238-8, ISBN EBOOK : 978-2-336-39408-4

LES 8 VALEURS GAGNANTES
Des managers épanouis et performants
Andevert Christophe
L'ouvrage développe une approche managériale pragmatique. Les actes clés du management sont ainsi structurés à partir de processus efficaces et faciles à s'approprier. Des exemples sous format vidéo complètent les thèmes du livre. Après réflexion menée autour de la relation manager-collaborateur, l'auteur propose une approche par les ressemblances. Simple et efficiente, elle tend vers davantage de cohérence. Le manager œuvre alors dans le sens d'une performance qui se conjugue avec cohésion et bien-être.
(Coll. Vivre l'entreprise, série Management et Ressources Humaines, 19.00 euros, 180 p.)
ISBN : 978-2-343-07298-2, ISBN EBOOK : 978-2-336-39477-0

LE TEMPS DES ARTISANS
Permanences et mutations
Marché et Organisations 24
Sous la direction de Sophie Boutillier, Claude Fournier et Cédric Perrin
L'artisanat regroupe en France, comme dans tous les pays industrialisés et en développement, des entreprises dynamiques et innovantes aussi bien sur le plan technique que social. Mais si les artisans font notre quotidien, ils rencontrent de nombreuses difficultés économiques, politiques et sociales. L'ensemble de ces contributions traite de ces questions sous divers aspects, temporalités et aires géographiques. L'objectif de ce volume est de montrer par petites touches la diversité de l'artisanat aujourd'hui.
(25.50 euros, 238 p.) *ISBN : 978-2-343-07685-0, ISBN EBOOK : 978-2-336-39609-5*

ÉTHIQUE POUR ENTREPRENEURS
Pourquoi les entreprises et les pays ont tout à gagner avec la responsabilité sociale ?
Kliksberg Bernardo - Traduit par Odile Begué Girondo
Ce livre s'inscrit dans la lutte pour placer les grands thèmes éthiques au cœur des débats économiques en Amérique du Sud et promouvoir de nouvelles politiques publiques en faveur de l'insertion universelle et d'un changement dans le comportement des acteurs. L'auteur présente la Responsabilité Sociale de l'Entreprise (RSE), décrit les forces historiques qui l'ont fait progresser, explique en quoi elle est bénéfique aux entreprises. Il expose également ses possibilités d'action, la formation de ses futurs dirigeants et ses perspectives d'avenir.
(24.00 euros, 276 p.) *ISBN : 978-2-343-07851-9, ISBN EBOOK : 978-2-336-39605-7*

L'HARMATTAN ITALIA
Via Degli Artisti 15; 10124 Torino
harmattan.italia@gmail.com

L'HARMATTAN HONGRIE
Könyvesbolt ; Kossuth L. u. 14-16
1053 Budapest

L'HARMATTAN KINSHASA
185, avenue Nyangwe
Commune de Lingwala
Kinshasa, R.D. Congo
(00243) 998697603 ou (00243) 999229662

L'HARMATTAN CONGO
67, av. E. P. Lumumba
Bât. – Congo Pharmacie (Bib. Nat.)
BP2874 Brazzaville
harmattan.congo@yahoo.fr

L'HARMATTAN GUINÉE
Almamya Rue KA 028, en face
du restaurant Le Cèdre
OKB agency BP 3470 Conakry
(00224) 657 20 85 08 / 664 28 91 96
harmattanguinee@yahoo.fr

L'HARMATTAN MALI
Rue 73, Porte 536, Niamakoro,
Cité Unicef, Bamako
Tél. 00 (223) 20205724 / +(223) 76378082
poudiougopaul@yahoo.fr
pp.harmattan@gmail.com

L'HARMATTAN CAMEROUN
BP 11486
Face à la SNI, immeuble Don Bosco
Yaoundé
(00237) 99 76 61 66
harmattancam@yahoo.fr

L'HARMATTAN CÔTE D'IVOIRE
Résidence Karl / cité des arts
Abidjan-Cocody 03 BP 1588 Abidjan 03
(00225) 05 77 87 31
etien_nda@yahoo.fr

L'HARMATTAN BURKINA
Penou Achille Some
Ouagadougou
(+226) 70 26 88 27

L'HARMATTAN SÉNÉGAL
10 VDN en face Mermoz, après le pont de Fann
BP 45034 Dakar Fann
33 825 98 58 / 33 860 9858
senharmattan@gmail.com / senlibraire@gmail.com
www.harmattansenegal.com

L'HARMATTAN BÉNIN
ISOR-BENIN
01 BP 359 COTONOU-RP
Quartier Gbèdjromèdé,
Rue Agbélenco, Lot 1247 I
Tél : 00 229 21 32 53 79
christian_dablaka123@yahoo.fr

Achevé d'imprimer par Corlet Numérique - 14110 Condé-sur-Noireau
N° d'Imprimeur : 130735 - Dépôt légal : juillet 2016 - *Imprimé en France*

www.ingramcontent.com/pod-product-compliance
Lightning Source LLC
LaVergne TN
LVHW021209061026
849535LV00008B/2651
* 9 7 8 2 3 4 3 0 9 8 5 1 7 *